基于医学思维的企业缺陷管理研究

唐书林　著

HEUP 哈爾濱工程大學出版社

内容简介

本书将医学理论、企业仿生学理论和企业缺陷管理理论相结合，研究了多种企业缺陷的整合管理模式，提出了企业缺陷管理的有机体管理模式，为企业缺陷一体化管理研究提供了新思路。

本书对从事企业管理的相关人员、企业仿生学和企业缺陷管理的研究人员等具有较强的参考和借鉴作用。

图书在版编目(CIP)数据

基于医学思维的企业缺陷管理研究/唐书林著. —哈尔滨:哈尔滨工程大学出版社,2017.1(2017.8 重印)
ISBN 978-7-5661-1429-7

Ⅰ.①基… Ⅱ.①唐… Ⅲ.①企业管理—研究 Ⅳ.①F272

中国版本图书馆 CIP 数据核字(2016)第 319756 号

选题策划 龚 晨
责任编辑 张忠远
封面设计 博鑫设计

出版发行 哈尔滨工程大学出版社
社　　址 哈尔滨市南岗区东大直街 124 号
邮政编码 150001
发行电话 0451-82519328
传　　真 0451-82519699
经　　销 新华书店
印　　刷 黑龙江龙江传媒有限责任公司
开　　本 787 mm×960 mm 1/16
印　　张 12.5
字　　数 224 千字
版　　次 2017 年 1 月第 1 版
印　　次 2017 年 8 月第 2 次印刷
定　　价 42.00 元
http://www.hrbeupress.com
E-mail:heupress@hrbeu.edu.cn

前　言

随着消费水平的提高，企业需求环境越来越多变，企业之间的关键竞争要素不断增多。当企业无法满足顾客的特定需求时，则构成了相应的企业缺陷。发展的历史表明，随着顾客需求的不断提升，企业在生产经营中关注的诸如质量、安全生产、环境保护、职业健康和社会责任等竞争要素不断增加，企业缺陷涉及的构成越来越多。目前，企业对一种缺陷执行一套管理模式的做法将导致企业管理的效率大大降低。因此，寻求一种整合型缺陷管理理论一方面可以满足内容不断增多的管理需求，另一方面可以满足企业管理效率提高的追求，缺陷管理的整合研究迫在眉睫。

本书将医学理论、企业仿生学理论和企业缺陷管理理论相结合，研究了多种企业缺陷的整合管理模式，提出了企业缺陷管理的“诊断—治疗—预防”三位一体的全面、全生命周期的企业有机体管理模式，为企业缺陷一体化管理研究提供了新思路。

本书主要内容包括以下六个部分。

第一部分是对企业缺陷的相关概念及管理属性进行研究。首先，通过质量缺陷、安全缺陷、职业健康缺陷、环境缺陷和社会责任缺陷的概念及特征的比较和融合，提炼出“企业缺陷”这一整合概念，将这些缺陷归属为由企业的某类过程的结果，将“大质量”概念进一步具象化；其次，从企业内、外部视角分析了企业缺陷的管理驱动机制和管理特征；最后，探讨了企业缺陷管理的功能和内容，为后文的展开奠定基础。

第二部分是对基于医学思维的企业缺陷管理理论基础的建立进行研究。首先，从“大质量”概念、企业仿生化和企业缺陷的类病属性三个方面探讨了企业缺陷管理需求的延伸，分析了企业缺陷管理应基于医学思维的新需求，重新界定了企业缺陷管理的内涵并将本书理论与现有理论进行比较；其次，探讨了医学思维的管理学本质，分析了普遍医学思维、中医学和西医学的管理哲理，为企业缺陷管理探索基于医学思维的新的管理理念；第三，建立了基于医学思维的企业缺陷管理逻辑，找到了基于医学思维达到企业缺陷管理目标的新路径，并界定了“企业健康”和“企业缺陷”两个关键概念，给出了基于医学思维的企业缺陷管理模式建立的类比逻辑；第四，借鉴医学思维的管理哲理建立了基于医学思维的企业缺陷管理九项准则；最后，从管理理念、管理框架和管理流程三个方面构建了基于医学思维的企业缺陷管理模式。

第三部分，是对企业缺陷的信息传递过程进行研究。首先，界定了企业缺陷信息的定义，分析了企业缺陷信息的特点、传递模式和影响因素；其次，通过对企业缺陷信息的真实性要求和现状的分析，提出了基于管理信息化平台的企业缺陷信息传递真实机制；最后，通过信息传递博弈模型模拟了企业与顾客之间的信任博弈过程，分析博弈均衡及出现条件，提出了基于认证制度的企业缺陷信息传递信任机制。

第四部分是对企业缺陷的诊断进行研究。首先，界定了企业缺陷诊断的内涵；其次，从顾客获取企业缺陷信息的方法、顾客对企业缺陷信息的反应模式以及企业缺陷信息对顾客的作用机理三个方面探讨了顾客与企业缺陷信息的关系；再次，提出了基于顾客缺陷感知的企业缺陷状态判定模型，并探讨了企业缺陷基因的分析工具；最后，通过实证研究验证了基于顾客缺陷感知的企业缺陷状态模型的有效性。

第五部分是对企业缺陷的治疗进行研究。首先，界定了企业缺陷治疗的内涵，给出了企业缺陷治疗的定义、目的、原则及经济学解释；其次，引入 QFD 模型对企业缺陷关键基因进行分析；再次，建立了企业和顾客的静态博弈模型，对企业缺陷的三种治疗策略的成本和效益进行分析，给出了治疗类型选择的最优决策和成本路径；最后，通过实证研究验证了该内容的合理性。

第六部分是对企业缺陷的预防进行研究。首先，从企业缺陷预防的动力、总体思路和原则研究企业缺陷预防的机制；其次，构建了基于现有标准整合的企业缺陷预防体系，给出了企业缺陷预防体系构建的指导思想、整合方法以及基本结构；最后，通过总结和借鉴已有研究成果，找到了 16 个影响企业缺陷预防有效性的关键指标，利用突变级数法对企业缺陷预防的有效性进行评价，并通过实证研究验证了评价指标和方法的有效性。

感谢哈尔滨工程大学史丽萍教授在本书撰写过程中提出了宝贵的意见和建议。

本书涉及的内容属于企业仿生学和企业缺陷管理领域的新方向，亟待研究的内容过于广泛，作者的研究仅是管中窥豹，愿与众多感兴趣的研究者共同探讨。另外，由于作者水平有限，书中必存不足之处，敬请广大读者批评指正。

感谢中央高校基本科研业务费项目“投资情绪对企业战略投资决策制定的影响及其神经机制研究”（项目编号：HEUCF140908）对本书的资助。

著 者

2016 年 8 月

目　录

第1章　绪　　论

1.1　研究的背景、目的及意义

1.1.1　研究的背景

美国知名企业霍尔马克·韦斯特兰肉品加工公司因其牛肉产品质量出现问题,导致公司倒闭;英国石油公司因墨西哥湾油井的安全事故,导致其资产蒸发近700亿美元;紫金矿业因造成环境污染,导致公司运营受阻而损失四亿元收益;美国海产国际有限责任公司因氨气泄漏,导致员工职业健康受损而遭到美国职业安全与健康局(OSHA)高达279 000美元的罚款处罚;石家庄三鹿集团股份有限公司因"三聚氰胺"事件被指企业社会责任丧失,导致公司声誉严重受损,终因资不抵债而被迫破产。越来越多的企业缺陷暴露在公众的视野中,越来越多的人群开始关注并熟知企业缺陷,甚至参与到讨论治理企业缺陷的过程中。

学术界较早时就开始对企业出现的上述问题进行了深入探讨。1951年,第1版《朱兰质量控制手册》第一次提到"质量",并广泛运用到企业的生产和经营活动中。20世纪60年代,随着设备、工艺及产品复杂性增强,企业生产活动中潜在的不安全因素越来越多,对"安全生产"的研究也逐渐深入和成熟。1972年,麻省理工学院D. 梅多斯(Dennis L. Meadows)的研究小组在其研究报告《增长的极限》中重新深入审视了高增长理论,促使人们密切关注人口、资源和环境问题,从而引起了一股企业清洁生产的热潮。在1999年4月,随着ILO提出对企业职业健康安全管理进行评价,保障员工的健康与安全成为了企业关注的焦点。20世纪90年代,在劳工组织、人权组织等NGO组织的推动下,企业由"自我约束"逐步转变为"社会约束",企业社会责任观念的出现成为历史必然。同时,一些以自主管理为出发点的第三方标准化管理体系不断产生,并吸收实施过程中反馈的问题而不断改进，如质量管理和质量保证体系（ISO 9000）、环境管理体系（ISO 14000）、职业健康安全管理体系（OHSAS 18000）和社会责任管理体系（SA 8000）等。

目前，此类问题在企业及社会中出现频率越来越大。为减轻企业及社会双方的管理压力，学术界正致力于将此类问题进行整合研究，期望建立一个让顾客满意、员工与相关方受益的高效统一的管理理论体系。1996年，随着ISO 14001:1996正式出台，整合管理体系（Integrated Management System）这一观点逐渐成为国外学者讨论的焦点。例如Wilkinson的《质量、环境、职业健康和安全IMS：几个关键问题》，Matias和Coelho的《质量管理，环境管理和职业健康管理标准系统的整合》，Tranmer的《一体化管理体系的优化研究》，Richard Hall的《一体化管理体系之我见》以及在各大国际性认证公司（SGS，BVQI，BSI等）的网页上的相关文章等。这些研究成果均以质量管理为基础，以完善质量管理体系为目的，从不同角度对质量、环境、职业健康等管理体系的整合进行讨论。目前，较为成熟的整合理念认为，为实现一体化管理，应该以国际管理标准要求为框架，以全面质量管理理论为工具，围绕质量、环境和职业健康安全融合其他管理体系。

从上述问题和研究的发展趋势上看，企业中存在诸如质量、安全生产、环境、职业健康、社会责任等一类由企业内、外部主体双向驱动的，符合马斯洛需求层次理论递进管理需求的，与企业管理基本职能共同存在的非核心职能关注对象。而从企业仿生学视角看，企业缺陷均被认为是影响企业健康的一类致病因子，它们在临界点内表现不活跃，不会影响企业健康，活跃度低反而会为企业带来“外部效应”，但是企业缺陷积累过多，突破了某一临界点后，企业依靠自身能力将很难处理而产生疾病，这种疾病会对企业内、外部的利益造成损害，但是随着企业内、外部对其进行适当管理，就会逐渐弱化其危害性。

综上所述，本书将此类非基本管理职能关注的对象命名为“企业缺陷”。随着理论发展与实践检验，企业缺陷将成为企业管理中亟待解决的研究课题。

1.1.2 研究的目的及意义

本书借鉴医学思维研究企业缺陷管理，利用医学对人体和疾病的管理哲理探讨基于医学思维的企业缺陷管理的管理理念和准则，并对企业生命体因企业缺陷产生的疾病进行诊断、治疗和预防，旨在打破传统的企业缺陷管理方式的同时，探索如何利用现代医学理论成果建立基于医学思维的企业缺陷管理理论基础,给出基于医学思维的企业缺陷管理问题的系列答案。

1. 研究目的

本书试图吸取现代医学科学解决问题的思维和逻辑,结合企业的生命特征和企业缺陷的致病属性,从医学思维的角度来研究企业缺陷导致企业出现疾病的规律性,以系统、动态的科学思想提出基于医学思维的企业缺陷管理理论。

研究目的有三个方面:

①通过比较和融合提出“企业缺陷”这一概念,完成质量、安全生产、环境、职业健康和企业社会责任的概念整合,进一步深化“大质量”概念,并对“大质量”概念的研究对象和研究范围具象化;

②建立基于医学思维的企业缺陷管理的理论基础,将医学思维的管理理念引入到企业缺陷管理中,确立基于医学思维的企业缺陷管理准则;

③建立具有完善功能的基于医学思维的企业缺陷管理模式,为实现企业的健康发展提供满足要求的诊断、治疗及预防功能,实现企业缺陷管理活动的优化组合、合理配置和持续改进,使企业缺陷管理从过程模式向体系方法进化。

2. 研究意义

(1)为企业整合管理研究提供了新视角

基于医学思维的企业缺陷管理研究提供了一个医学视角下双向管理的理论观点,将进一步丰富现有的企业管理理论并深刻影响企业的经营管理理念。依据生命医学的基本理论,从企业生命体的角度出发,研究企业缺陷与企业内部各要素的关系,包括企业内部生命系统的组成、功能及系统内的调解与控制,借鉴医学思维中医患关系的特点研究企业与顾客的相互影响关系,为企业缺陷管理提供了全新的研究视角。

(2)为企业缺陷管理提供新的管理理念和准则

分析并利用医学中的管理哲理,基于医学思维提出企业缺陷管理的新理念、新准则。从生命管理角度出发,提出企业缺陷管理应将企业视为生命体,而非机械的元素组成系统来管理,并借鉴医学对人体和疾病的管理哲理制定基于医学思维的企业缺陷管理理念和准则。

(3)为企业缺陷管理提供一个新管理模式

基于医学思维的企业缺陷管理模式为企业提供了一个基于医学逻辑的企业缺陷管理框架和管理流程,帮助解决企业缺陷管理中出现的问题,为管理实践提供行为依据。通过基于医学思维的企业缺陷管理模式来审核企业缺陷管理的组织结构、信息传导机制、标准化机制、决策机制、控制机制和效果反馈机制等要素,优化企业缺陷管理流程,合理配置企业资源,从而为现有的企业缺陷管理模式进行优势继承、缺陷改良和冗余优化等活动找到理论依据。

1.2 国内外研究现状

1.2.1 国外研究现状

1. 企业缺陷整合管理的研究现状

很多机构和企业已经进行了一体化管理体系整合工作。ISO 技术管理委员会于 2001 年出台了《管理体系标准开发与整合指南》。指南中详细地阐述了管理体系整合的总要求、准则、结构、过程、应注意的问题以及一体化管理体系将对全球经济的积极影响等方面,由澳大利亚和新西兰共同组建的研究机构发布了基于 ISO 9000: 1994 的一体化管理体系建立的实施方法。同时,国际标准化组织委托欧洲七国组成的专题研究团队编写《管理体系标准的一体化实施手册》,推动一体化管理体系整合工作,为企业整合其管理体系提供实施方案。以英国核燃料有限公司、Akzo Nobel 化工集团和夏普公司为代表的国际性集团,已经率先完成了质量、环境以及职业健康安全等管理体系的整合工作,并取得卓有成效的管理效果。为迎合企业界的整合需求,国际著名认证机构(BSI,DNV 等)提供一体化认证业务,为企业管理体系的整合提供指导和认证。

进入 20 世纪 90 年代,在国际标准化管理体系研究领域中,越来越多的学者开始关注"管理体系一体化"研究方向。Gerhard Schiefer 通过对案例的研究,从经济、质量和环境的角度透视了企业一体化管理体系,分析,其重要性和复杂性。Ase Jansson 等人认为整合质量和环境管理体系具有重大意义,并提出了三维模式的概念。日本的认证机构从组织目的、管理目标、管理方针出发,认为 ISO 9000,ISO 14000 两大体系能够极大整合,并将日本企业认证工作的重点聚焦于整合 ISO 9000、ISO 14000 和 OHSAS 18000 三大体系。国际标准化组织基于理论研究和实践经验于 2002 年发布了名为《质量和环境管理体系审核指南》的 ISO 19011 标准,形成了 ISO 9000 族核心标准并对 ISO 14000 系列标准的审核方法进行完善。S. X. Zeng 等人通过对中国现有质量、环境、职业健康和安全管理整合现状调查后发现,多重并行标准的执行和认证造成了企业管理的复杂性增加、管理效率降低、企业文化不协调、员工关系僵化、管理成本上升等问题,并根据调查结果提出了一个包含战略协调、组织结构—资源—文化协调、文档材料协调的三方面协调模型，以此提高整合管理体系的运行效率。Merce Bernardo 等人从人力资源整合、目标整合、工作流程整合、文件记录整合四个方面，对选取的 435 家公司的环境管理体系与质量和其他标准化管理体系的整合程度进行调查，通过对企业整合结果的聚类分析找到在构建一体化管理体系这四个方面最佳的整合顺序。

2. 企业仿生学的研究现状

在管理学的基础上交叉和融合仿生学等多学科就形成了仿生管理学这一边缘学科。仿生管理学以借鉴、模仿、类推、创新等手段，在管理学的概念、原理和理论上嫁接、融入或整合生物学的概念、原理和理论，形成新概念、新原理、新理论，是站在生物学的视角探究社会组织的管理问题。

(1)企业仿生学的研究类别

朱棣文等人提出 Bio - X 的观点极大地推动生物科学与其他科学的交叉与融合。按照从宏观到微观的逻辑，可以将已有的企业仿生学研究划分为以下四大研究类别。

①企业群体关系的仿生学研究

通过对企业内、外部生态环境的研究，发现企业个体及企业生态圈中产生激励、竞争、交互、调控等交际行为的机理，从而形成企业群体关系的管理仿生学理论。

②企业个体的现象效应仿生学研究

通过对企业个体或群体现象特征的研究，对企业生命体的本能、潜能、发展、规避等特征进行描述，据此解释企业对外界环境的反应、应激、适应、反馈等行为，从而形成现象效应的管理仿生学理论。

③企业个体的仿生结构研究

通过对企业的信息、财务、生产与销售、运营管理、风险管理、组织结构等企业内部因素及功能的仿生化类比研究，建立类似于企业生命个体的管理仿生结构，从而形成企业生命体结构的管理仿生学理论。

④企业生命体基因表达和实现法则的仿生学研究

通过对企业内部组织结构、文化的形成机理及规则的研究，建立影响企业组织结构的表达基因以及实现其功能的相关法则，从而形成企业基因和实现法则的管理仿生学理论。

Gareth Morgan 认为企业的结构、行为和现象都能在各层级的生物学中找到对应的映射，比如分子对应着企业员工，细胞对应着企业员工全体，复杂器官对应着企业部门或企业，种群对应着企业种群，生态学对应着企业生态学等。他还认为企业组织具有某些和生物体相似的特征，属于社会生物体形态的一类，其组织结构随着企业发展应发生适应企业现状的改变，组织内职能也发生适应性变化。这说明组织结构的演变类似于生物组织结构的变化，呈现出根据环境的变化而变化的特征。

(2)企业仿生学研究代表理论

国外管理学关于企业仿生的研究有以下代表理论。

①企业群体关系的仿生学研究

生物积聚学说认为，企业死亡的最主要原因是因为企业现状与环境的匹配出现了严重问题。如果企业想持续生存下去，就需要保持自身新陈代谢，通过不断调整自身来适应环境，通过蜕变获得再生。Moore 站在企业战略的高度认为企业成功的关键在于企业运营过程中物种水平的改进，这也是其社会价值的源泉。Baskin 在此基础上研究得出，以一个生物体的姿态进行运营的企业，才能最有效地抓住周围环境中的机会。企业 DNA 没有必要完全符合生物 DNA 的结构形式，但要在内涵上将简单要素转化为复杂要素。S. G. Winter S. G 等人从生物进化的角度观察企业适应环境表现出的进化特性，提出企业进化论，认为企业适应环境和获得成长主要有三大核心机制，即多样性、遗传性、自然选择性，这和生物体进化具有同质性。该理论注重研究组织、创新、路径依赖等因素的进化对企业适应性和成长性的影响。

②企业个体的现象效应仿生学研究

学者们通过类比认为企业与生命个体在周期性、内部联系、进化适应成长等方面有极其相似之处。Alfred Marshall 是从生物学角度研究企业进化过程的先驱，他在其著作中指出广义的生物学应该涵盖经济学，认为企业同样经历着发生、发展、灭亡的生命演化过程。Arie de Ceus 通过研究发现企业具有生命特征、自我管理、新陈代谢、员工共同体、对外影响力等类生命现象。Dawn Kelly 通过分析企业组织机制与环境的互动关系，测定了环境对企业生命的影响。Ichak Adizes 将企业生命周期划分成五个阶段，研究了各阶段中企业生命体所具有的本质与特征。D. Repeter 等人对公共组织的生命周期进行研究。以 Greiner 为代表的学者们从组织文化特征的演变过程出发探讨了组织进化模型，从管理作风差异角度将组织进化过程划分创业管理、个人管理、职业管理、官僚式管理和矩阵式管理五个阶段。

③企业的个体仿生结构研究

Herbert Spencer 认为伴随着企业成长，会发生功能和结构的分化，但这种分化具有整体性，分化出的结构与功能之间能够进行有效整合。Adizes 用绩效(P)和管理(A)衡量企业追求效率的管理能力老化程度，用企业家(E)和整合(I)衡量企业追求效益的整合能力老化程度。Greiner 等提出基于历史特征的企业进化模型，认为可利用企业年龄、企业规模、进化阶段、变革阶段、产业长率五个维度预测出企业进化的下一阶段。

④企业生命体基因表达和实现法则的仿生学研究

Ken Baskin 通过实证案例讨论了企业利用生命体规律获取知识以适应企业生态环境变化的方法，提出企业应将资源倾斜到优势 DNA 转化过程中，不断强化企业擅长的组织结构和行为以实现利润最大化。Harrison 研究了组织 DNA 中的文化基因，发现其传递受员工进入率、离开率、组织成长率、组织选择率、组织社会化密度等因素影响，但通过对企业成长期和振荡期的数据研究发现，这些因素并不是决定因素。J. C. Aurik 认为企业基因是企业的最小构成单元，企业特征是由复杂的基因组合决定的，而企业可以通过重组优势基因来获得或强化更具优势的核心竞争能力。Gary Neilson 等人从提升企业执行力的角度进行了案例研究，认为企业基因和生命体 DNA 结构类似，企业具有唯一性是因为要素组合方式不同，并且开发了一种名为组织基因剖析器在线自测工具，并撰写了中国企业 DNA 调研报告。

3. 医学视角下企业管理的研究现状

Kevin Ford 构建了用于分析企业核心竞争力的理性健康组织模型，认为该模型更具有准确性和平衡性。Knott 和 Neilson 基于 Kevin Ford 的研究从企业生命体 DNA 的角度分析企业生命体的健康问题。Lyden 和 Klingele 把组织健康详细划分为交流、共享、承诺、士气、声誉、规范、绩效等 11 个维度。智利学者 Mario Ivan Tarride 等参照 WHO 对人体健康的定义对组织健康进行了描述，并将企业机构的组织系统功能划分为 53 个变量与人体进行类比，把问观触听的医学诊断思维引入到企业诊断中。C. Karthikeyan 认为企业生命体所具有的耗散结构、自组织、突变、混沌和分形的特点，说明企业发展演进是非线性动力过程，具有显著非线性动力学特征，提出了在构建医学管理模型必须引入非线性方法或通过降维方法将非线性问题转化为线性问题解决的观点。

1.2.2 国内研究现状

1. 企业缺陷整合管理的研究现状

近年来，我国学者逐渐开始关注质量、环境和职业健康安全标准化管理体系整合的问题，针对相关问题开展了深入研究，形成了一些具有代表性的学术成果。

苏秦分析了整合 ISO 9000 质量管理标准与 ISO 14000 环境管理标准两种体系时存在的问题并提出了解决方法。蒲伦昌编写出版了《管理体系一体化丛书》，指出体系整合会更有利于管理体系的资源配置，可减少认证成本和实施费用，有利于提高体系的整体有效性，其研究成果在我国具有较大影响力。徐德蜀、金磊等对质量、环境和职业健康安全管理体系整合所需要的条件和需要解决的问题进行分析并给出相应解决措施。姜耀俭分析了 EMS，HSEMS 和 OSHMS 三个系统对提高石油管道企业管理效率、降低管理成本的重要作用，从基本框架的角度分析了如何整合三个体系。欧晓华从管理学的角度对一体化管理体系整合的思想、方法、原理进行了研究。钟金硅研究了一体化管理体系的过程特征及其权重等问题，提出基于过程方法的整合矩阵图对质量、环境和职业健康管理进行整合。李江蛟提出了超越传统质量意义的“大质量”概念，以质量管理体系为基础扩展成一体化管理体系，并用卓越经营计分卡工具对一体化管理体系效果进行评价。罗宏森认为企业一体化管理体系应该以满足法律法规要求为前提，以顾客需求为起点，并为了满足顾客需求而对环境因子与危害因子进行有效控制，资源的配置和运用应与相应管理活动匹配。为实现对管理体系的持续改进，应关注产品、过程和体系的符合性和持续改进体系的有效性。李毅认为标准体系之间因为孤立的证明材料而缺乏相互沟通的渠道，应依据“简化、统一、协调、优化”的标准化原则，将全面、无冗余的证明文件融入到一体化体系中，帮助企业整合各个体系形成的文件，最终实现企业一体化管理。陈坚以我国建筑工程管理为研究对象，从准备、初始评审、谋划、实施改进等阶段分析并改进一体化管理的一般流程和实施对策。王瑞华建议以生产过程控制的标准化流程为整合基础来建立一体化管理体系，并提出从成本管理视角来评价一体化管理体系的运行绩效。贝金兰也认为构建 QEO 一体化管理体系应以 ISO 9001:2008 标准的要求为主体，有机整合 ISO 14001 和 OHSAS 18001 标准的要求，保证对所有要素的有效控制。

与此同时，我国许多大型企业开始了国际标准化管理体系的应用推广工作。中国石油天然气股份有限公司于2000年启动了质量健康安全环境管理体系一体化的规划和研究工作，并于2001年5月完成了标准化管理体系一体化的初步方案。同年10月，发布了质量健康安全环境管理系列标准，该标准要求对不同标准体系的共同要素和特性要素进行重新组合，为石化企业实现规范化和系统化管理提出了统一的标准和要求。2002年1月和4月，《世界标准化与质量管理》和《中国ISO 14000认证》杂志社共同举办了主体为“建立综合管理体系，实施联合审核”的学术研讨会。2009年，我国集成电路行业EHS管理体系整合了ISO 14001，OHSAS 18001和QCO 80000三套标准，从知识管理角度给出EHS管理体系的信息化控制方式。同年，莱钢集团首次建立气体行业QEO一体化管理体系。2010年，中国核工业集团依据IAEA提出的以GS－R－3《设施和活动的管理体系》为核心的一系列管理体系标准，探讨了国内核能使用的一体化管理体系构建研究。多行业一体化管理体系的出现不仅标志了国内企业管理现代化和管理体系规范化、标准化的重要发展，而且为一体化管理体系增加了更多、更完善的内容。

2. 企业仿生学的研究现状

(1)关于企业的群体关系仿生学研究

闫安将企业看作生命体，分析了企业生命个体在与所处生态环境互动情况下其行为和演进过程，并从人文、情感、企业目标三个角度构建了更适于企业成长的行为模型。许芳借鉴生态学原理研究了企业与环境之间适应、竞争、协作、共生的生态关系与机理，并得出适用于企业的生态战略。李舸研究了产业集群的生态演化机理，将集群演化过程划分为四个阶段。通过类比生物群落中生物个体的竞争策略及种间关系，提出了产业集群内企业个体策略的选择与转化。郝陶群以吉林省区域创新系统为例，从仿生学角度对企业技术创新动力机制、区域创新系统及其内部机制、物种构成、演化过程进行研究。

(2)企业个体的现象效应仿生学研究

张红岩从生命状态角度将企业分为健将型、健康型、亚健康型、病态型和植物人型五类，并提出划分企业类型的评价标准。楼园从自组织理论角度探索了企业仿生的实质和理论依据，认为复杂系统的变化规律导致企业生态系统与自然生态系统相似，但复杂系统的运行机制却使企业个体不同于生物体，从企业个体系统、企业生态系统和企业超系统三个不同层次研究了在企业仿生中的自组织理论的应用，提出社会各类组织系统学习生命体的自组织进化机制的观点。肖丕楚用生物学的分蘖现象来解释网络信息化环境下产业扩散行为，并提出如何选择合适的时间、地点和条件进行组织分蘖。陈枫通过研究发现，企业能够为适应环境变化和发展而自我更新，这种自组织力表现在协调意志、形态、组织、素质、交流、反馈等方面。吕萍界定了组织免疫概念并描述了运行机制，从组织认知、组织防御、组织记忆三个维度描述组织免疫行为。张玉明基于仿生学视角从内生机制指数和外生机制指数两方面建立了由13个分指数构成的三层指数结构的中小型科技企业成长机制评价指数，并验证指数的适用性和合理性。朱永明依据企业生命周期理论，判别不同生命周期阶段企业应该履行的社会责任，进一步定义企业社会责任的递阶结构，分析不同级别的责任表现与特征，建立了企业社会责任履行能力成熟度模型。丁鸿鸣给定了知识型企业的生命体特征，并基于自组织理论着重讨论了知识型企业生命体的信息处理机制、发展模式和组织结构。王兴元通过分析仿生创新的内在机理，构建了仿生创新策略模型，并对如何进行仿生创新提出合理的对策建议。

(3)企业的个体仿生结构研究

张毅峰从功能角度将企业与生命体的结构进行比照，试图建立起企业的大脑、神经系统、筋腱、免疫系统、新陈代谢系统、运动系统等类生命体结。郝陶群从仿生学角度，基于自然生命体的脑神经系统信息处理机理构建了企业生命体的信息组织结构。谭智俐以血液循环系统为参照研究企业的财务流程再造活动，提出了构建具有免疫控制能力，能够抵御一般性财务风险和特殊性财务风险的财务系统。郭吉晶利用生态学的观点，研究企业的信息基础设施、信息资源、信息技术、信息文化、信息伦理等构成的企业信息环境。徐东升从生命体的角度研究基于能力建设的企业发展过程，认为应将企业能力按流程性、结构性、知识—权力和意义四个维度展开。郭纹廷探讨了企业组织具的生物学特征，认为其具有生物组织的基本结构(细胞)、可新陈代谢和遗传变异，具有延续性、多样性。

(4)关于企业生命体基因表达和实现法则仿生学研究

张燚将干扰生态学理论应用于对企业的研究中，从“消极、衰败、弊病”角度揭示企业衰败现象的成因，并重点就企业衰败机理、干扰预测和活力恢复等问题进行初步探讨。刘晔等从企业成长进化理论角度，认为企业异质性和成长状况的组织基因双层结构由企业核心理念和惯例决定。戴建华把企业惯例界定为企业基因，构建了包含企业碱基层、基因层和载体层的结构蜕变的企业蜕变的顺反子基因系统模型，为企业基因诊断、控制提供了判断和操作依据。龙贵玲从“企业基因”角度分析企业长寿的实现的机制和路径。涂发亮认为企业和生物体一样，其特征、行为等一切软硬因素是由企业 DNA 决定的，并提出了包含商业模式、管理模式、资源支持系统、组织架构等四个要素的 DNA 模型。

3. 医学视角下企业管理的研究现状

于学彬运用中医思维对企业中人力、信息、时间、财力、物力的管理进行分析，且所得结论具有或然性。高昉认为企业是一个虽然复杂但秩序井然的系统，应该用系统理论解决企业诊断问题，系统方法的治疗原则有治病求本、急则治其标、缓则治其本、扶正祛邪。孟宪忠借鉴医学思想对人体健康的分类，将企业健康描述为精神、结构、能力、行为、作风五大方面。唐任仲借鉴中医诊断技术中的整体观念和望闻问切的诊断方法，提出对企业制造过程的整体战略分析与问题判别过程应包括问题陈述与分析、数据收集和辩证诊断等步骤。黄廖乐将医学的价值论与管理学的价值工程相结合，诊断了企业生命体的组织内部价值链的病因并进行改进。王文平将知识型企业生命体看作一个动态随机系统，构建了生命体状态空间模型，研究企业疾病的发展机理，探索健康恢复功能出现的条件和最优控制策略，为调控知识型企业长期健康的生存和发展提供医学治疗方案。王克强将管理科学与医学的研究对象、研究方法和理论体系进行了比较，认为社会医学模式的方法论可以融入到现代管理科学体系中。王国成建议给企业灌注保健思想，设立专门的企业保健机构，并应该依据人体保健学给企业的类人体器官制定合适的保健方案或保健系统。王以华阐述了组织免疫的功能、机制和影响因素，尝试采用免疫医学方法让企业组织对致病因子产生免疫力。邹国良从生命周期和功能等多角度阐述了人体和企业的相似性，将企业类比成人体建立了企业人体管理理论模型，为企业管理提供新的思路和方法。郭振宇将中医理论中望闻问切的诊断方法运用到工业工程管理中，对诊断过程进行详细分析，并将该方法运用到企业工业工程管理问题诊断中。周蓓结合中医望闻问切的诊断方法来研究企业的各种症状，总结“企业综合征症”的类型并从中医整体观角度进行辩证分析，得出诊断建议。

冯俊华以麦当劳连锁经营为案例，从微观视角对企业基因的表达调控机制进行细致研究，为企业管理打开新的思路。杨震宁认为组织免疫行为对组织健康有着捍卫的作用，从西医免疫学角度提出了组织机体免疫行为和机制构建问题，认为组织免疫过程三大维度是组织监视、组织防御和组织记忆。张建坤借助人体健康学，建立了房地产开发企业的健康评价体系，为房地产企业的健康提供了诊断工具。文理借鉴中医的“取象比类”思维，把人体系统与企业系统进行功能比类，以“五行”的特征属性为划分原则，再造了“望、闻、问、切”的企业健康的医学诊断过程,设计了企业的诊断指标量表,并利用模糊评价原理对企业的健康程度进行诊断。张殿军采用系统医学理论观点,认为应从企业的财务方面发现病症现象,从企业外部寻找致病因子,从企业内部找到组织结构对致病因子的不适性,通过系统内部的非线性作用及正负反馈方式,解决企业生命机能减退、趋向僵化的问题。郭纹廷运用组织工程学研究企业组织损伤与修复,是以企业组织工程中的“种子细胞”(专业化人才)、“支架材料”(企业组织构架)、“生长因子”(激励机制)为基本要素,探讨企业内“活组织”及“活器官”的人工设计、企业外部构建和植入企业内部,以达到修复目的的企业医学原理。文理借鉴中医的五行学说对中国管理学的科学研究、管理实践、学术组织、应用领域五个方面按照“生长化收藏”的主要特征进行类比论述,提出了学术带头人应遵循“生长化收藏”的发展规律,对不断引导和调整管理学的发展趋势。任远认为人体与企业有相通之处,提出企业日常管理应借鉴中医理念,注重综合调理,用“大安全”统揽全局、把握脉络、循序渐进,在应急状态下,要向西医学习,果敢精准,快速反应,用完善的应急机制应对各类风险,有保有舍,最大限度化解危机,和谐企业建设则向养生家学习,防病于前,注重日常行为习惯的养成和文化引领,实现企业和谐与员工幸福。

1.2.3 国内外研究现状综述

本书利用 CNKI 数据和 ELSEVIER 数据库,深入探讨自 1949 年以来的关于一体化管理和企业仿生学的文献发展规律,以“一体化管理”和“企业仿生学”为关键词,以三年为单位检索 1949 年至 2009 年中累计的参考文献,其数量结果如图 1.1 所示。

由图 1.1 可知,一体化管理与企业仿生学相结合的研究成果的发展规律符合史丽萍等提出的原子跃迁规律。研究成果整体呈现增长的趋势,说明国内外学者对本论文关注的研究领域进行了大量的有益探索,在一定程度上为本书的研究提供了借鉴。其中,一体化管理体系的现有研究为本书奠定了理论基础;企业仿生学和医学视角下企业管理的实践经验为本书奠定了操作层面的技术支持。但是,近年来该领域研究成果逐渐稳定并呈现略微下降的趋势,这说明现有研究理念和方法已经基本成熟,但这种成熟却限制了该领域研究进行创新的动力,因此,需要开拓一种新的研究理念、理论或方法进一步推动该领域的发展。从国内外研究现状看,还存在着一些不足和限制。例如,已有的研究成果多以质量、环境、职业健康、安全生产和社会责任中的两个或数个对象作为整合

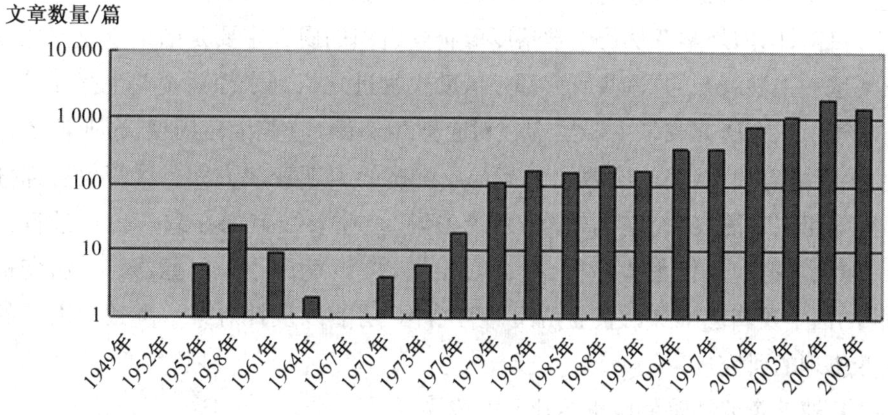

注：对搜索结果取对数刻度表示

图1.1 1949年—2011年与“一体化管理”和“企业仿生学”有关参考文献的数量图

对象，存在整合对象的不完整性；关于企业仿生的相关文献多集中于企业群体、生命现象以及基因表达的研究，缺乏对企业个体生命结构、功能以及病变机理的研究。国内外研究现状不足具体体现在以下几个方面。

1. 缺乏从系统相容性和全局最优化思想的角度研究企业缺陷整合的理论成果

国内外学者针对现有企业缺陷的内容已经提出了整合的思想，对企业缺陷的定义存在分歧。目前，仅探讨了质量、环境和职业健康安全三个标准化程度较高的管理体系整合的原则、模式和对策，但整合对象鲜有涉及企业缺陷的其他内容，一体化管理体系的普适性模式未见有文献提及。已有的研究成果尚未形成系统的理论，不能满足一体化管理体系发展和标准一体化的术语一致性需求。现有的理论成果均强调内容的全面性和完整性，放弃了管理学中的最优化思想，在后续研究中应该以体系最优化思想作为研究重点。

2. 缺乏从系统结构与功能的角度研究企业缺陷管理的仿生学成果

目前，关于企业缺陷管理的理论研究始终未突破突发事件阶段论的思想，尽管这一研究思路符合人们对突发事件的直观理解，但难以深入揭示企业生命体防御企业缺陷侵袭和调节自身应急能力稳定性的系统结构体系，也难以解释企业生命体对企业缺陷所应具有的识别与匹配、学习与记忆、自适应与自组织等各项系统功能。因此，需要在进一步的研究中展开基于企业生命体系统结构与功能角度研究企业缺陷管理理论研究。

3. 缺乏针对企业缺陷造成企业损伤的病变机理研究成果

目前，国内外学者从仿生学角度对企业组织的研究主要是围绕企业演化和发展这一主题展开的，这些研究都是借助生物进化机制来探讨企业生存和发展的规律。现有研究成果主要集中在对企业生态圈、企业生命周期、企业群体进化、企业生态关系、企业应激行为等企业疾病的表现症状方面。尽管也有部分研究对组织功能丧失、基因缺陷、系统失调、企业衰败等内在致病机理进行探索，但缺乏把企业作为生命体，从微观层次以“致病因子—目标器官—病变机理”的医学逻辑思维探讨企业仿生器官结构、功能以及针对某一类致病因子的病变机理的研究成果。

4. 缺乏企业缺陷的医学治疗研究成果

现有研究成果中，利用医学理论进行诊断的文献较多，但对企业疾病利用医学手段进行治疗的文献鲜有见闻。目前的医学诊断能够帮助企业或监管机构从一个新视角去审视问题，但是发现问题后仍然沿用传统的管理方法去解决问题，并没有从本质上解决问题。从方法论上看，目前对企业发生“疾病”或“损伤”时如何修复的系统研究主要是采用管理仿生学和生物进化等方法，但鲜见运用医学研究企业健康问题的文献。目前，国内有学者运用中医学相关理论对企业存在问题提供治疗建议，但由于中医学通过外在的变化来判断内在的病变，注重从整体出发确定治疗方法，强调整体定性的描述，很少使用类似西医的量化模型。因此，创新地利用医学思维解决企业健康和缺陷管理问题具有较大研究意义。同时，医学理论与企业管理理论相结合探讨基于医学思维的企业缺陷管理模式，会从微观层面给对企业的研究带来新思路，丰富和深化企业缺陷管理理论。

1.3 研究的基本思路和研究方法

1.3.1 研究的基本思路

本书从企业的生命体特征入手，将企业缺陷视为导致企业疾病的一类致病因子，运用医学思维对现有企业缺陷进行概念整合，借鉴医学思维的管理理念提出基于医学思维的企业缺陷管理的管理准则、管理模式及管理流程。对于基于医学思维的企业缺陷管理模式的实现，本研究按照三条主线展开：一是以企业缺陷的信息传递为主线,研究企业和顾客对企业缺陷信息的需求;二是以企业缺陷的诊断和治疗为主线,研究处于剧变动态环境下企业非健康状态的管理机理;三是以企业缺陷的预防为主线,研究相对稳定环境下企业健康状态的管理机理,以现有整合管理体系的理论和实践为基础,提出企业缺陷的预防应该依靠基于标准整合的企业缺陷预防体系实现的观点。

遵循研究的基本思路,研究的主要内容如下。

1. 界定相关概念

根据质量、安全生产、环境、职业健康安全和企业社会责任的发展背景及整合趋势,将国内外研究现状进行比较和融合,提出“企业缺陷”这一概念,界定企业缺陷的本质属性和基本特征,分析企业缺陷的管理驱动机制、特征及功能,进一步深化“大质量”概念的研究范围和对象。

2. 建立基于医学思维的企业缺陷管理理论基础

探讨医学思维的管理哲理和解决问题的逻辑,建立基于医学思维的企业缺陷管理理念和管理准则。从管理理念、管理框架和管理流程三方面构建基于医学思维的企业缺陷管理模式,将新的企业缺陷管理框架划分为企业缺陷诊断、治疗和预防三个核心过程和企业缺陷信息传递的支撑过程。

3. 研究企业缺陷的信息传递机制

分析和总结企业缺陷信息的真实性要求和现状,设计企业缺陷信息传递真实机制。利用信息传递博弈模型模拟企业与顾客之间的信任博弈过程,根据博弈结论设计企业缺陷信息传递信任机制。

4. 研究企业非健康状态下企业缺陷管理机理

探讨企业缺陷诊断和治疗的功能及实现。

5. 研究较企业健康状态下企业缺陷管理机理

探讨企业缺陷预防的功能及实现。

本书研究的总体思路如图 1.2 所示。

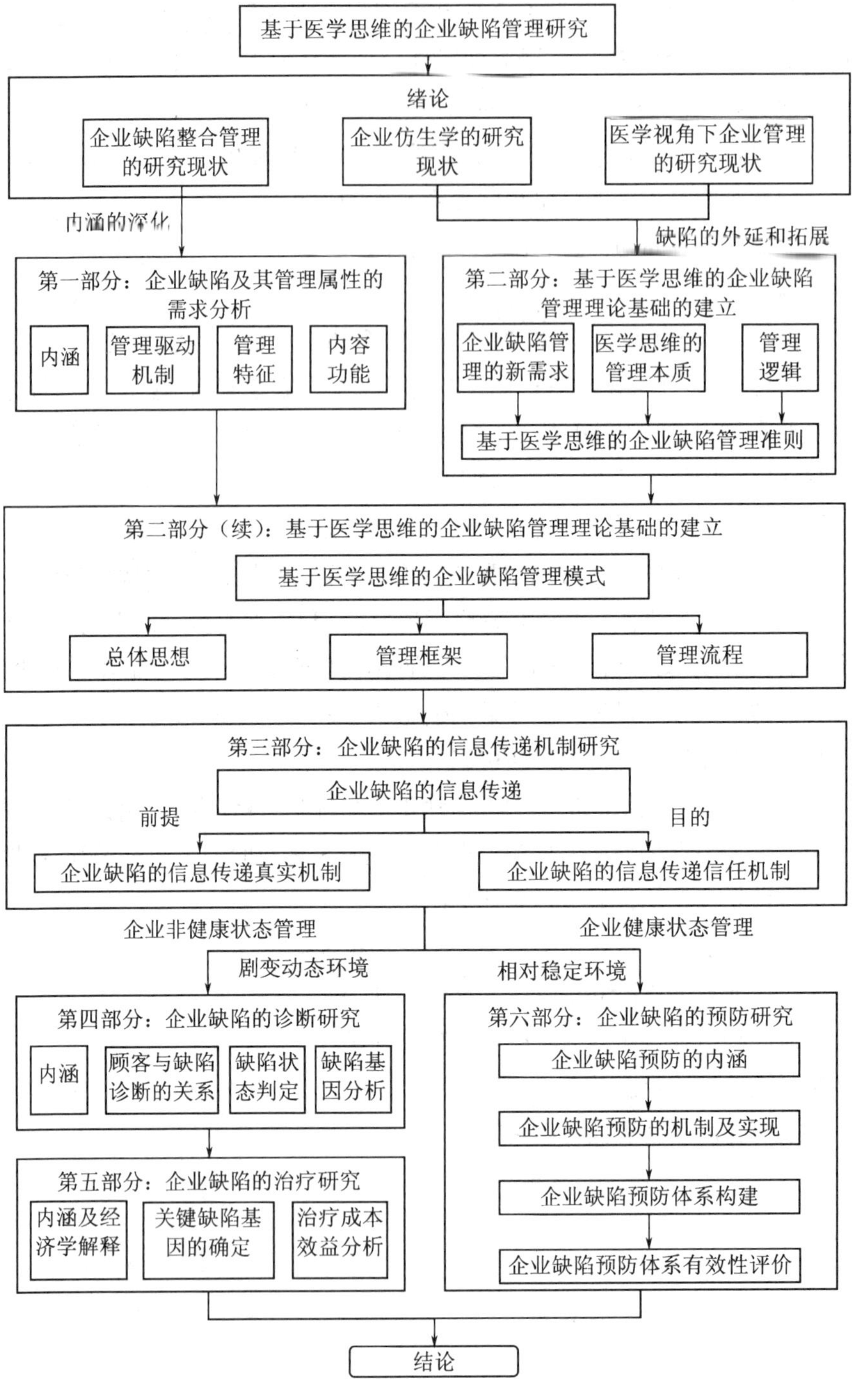

图 1.2　本书研究的总体思路

1.3.2 研究的基本方法

1. 类比分析法

(1)归并类比法

归并类比法即通过分析模型间的类似之处而合并同类项,得到更具普适性的模型,从定义和管理特性两个视角对企业质量、安全生产、环境、职业健康和企业社会责任进行类比分析,整合归并已有的模型,提出企业缺陷管理整合概念和共有属性。

(2)补缺类比法

补缺类比法即通过分析两模型的相似处,推知这些相似处所具备的要素也相同。在这里,疾病管理模式为"参照模型",企业缺陷管理模式为"对象模型"。首先,确定对象模型,将企业缺陷和医学中的疾病分别从医学视角下的企业缺陷生命体结构及功能、致病机理、管理过程等方面进行比对,论证企业缺陷存在的特性并总结常见的病原体、致病作用及病灶;其次,找到参照模型,从疾病管理模式入手,将在医学领域的疾病诊治预防与企业缺陷管理进行比较分析,建立起基于医学思维的企业缺陷管理理论,包括管理思想、基本模式、基本结构和基本功能。

2. 映射隐喻法

映射隐喻的本质是一种认知隐喻,是把未知的东西变换成已知的术语进行认知的方式。通过在医学理论体系中获得的基本隐喻系统而在企业缺陷管理中受到关联性的启发和影响,使主观经验和感觉经验相互匹配,然后通过概念融合形成具有启示意义和指导意义的映射系统。本书利用映射法将企业缺陷管理问题通过现代医学理论投射出一种建立在医学逻辑和方法论上描述和解决企业缺陷的手段和方式,即企业缺陷为原象集合 A,以现代医学理论为映射对应关系 f,建立在医学逻辑和方法论上描述方式为原象集合 A 在映射下的新象集合 f。

同时,运用隐喻法对类比事物之间的体验与分析,不仅要找出两者之间的类同之处,还要借助人们对隐喻事物的现有理解,通过已经熟悉的活动,将企业缺陷管理与医学联系起来,从而帮助我们更好地认知企业缺陷管理的问题域。

3. 定性分析与定量模型相结合的方法

定性分析法是指依靠预测人员的丰富实践经验以及主观的判断和分析能力,推断出事物的性质和发展趋势的分析方法,属于预测分析的一种基本方法。

这类方法主要适用于一些没有或不具备完整历史资料和数据的事项。本书立足于医学思维看待疾病的思维方式，采用定性分析方法对基于医学思维的企业缺陷管理的相关概念及管理属性进行研究，采用归纳方法、演绎方法等逻辑分析的方法对于某些问题的观点提炼和验证，并按照基于医学思维的管理哲学和逻辑框架确立了本书的理论研究体系。

定量模型法是先依照原型的主要特征，创设一个相似的模型，然后通过模型来间接研究原型的一种形容方法。在科学研究中，通过定量分析法可以进一步精确化对研究对象的认识，以便更加科学地揭示规律，把握本质，理清关系，预测事物的发展趋势。本书对企业缺陷的疾病管理模式进行诊断、治疗和预防的研究时分别采用了随机游走、质量功能展开和突变级数法三个定量模型，确保能够科学严谨地分析、预测和解决问题。

1.4 研究的创新之处

本书的主要特色在于对质量、安全生产、环境、职业健康以及社会责任等企业管理的辅助性制约因素整合进行开拓性研究，提出了“企业缺陷”这一概念，并以医学思维的隐喻方法构筑全新的一体化管理理论，建立起基于医学思维的企业缺陷管理模式。具体的创新之处主要有以下几点。

1.4.1 提出“企业缺陷”这一整合概念

从质量、安全生产、环境、职业健康以及社会责任等概念的发展趋势，发现这些类缺陷问题在内容、影响或管理流程具有很大程度的相似性，将此类问题作为整体并提出“企业缺陷”这一整合概念，对原有研究成果进行组合，赋予其新的形式和风格，从新的视角梳理和探讨了企业缺陷管理中一些理论问题，为质量、安全生产、环境、职业健康以及社会责任等的一体化管理奠定了理论基础。

1.4.2 建立了基于医学思维的企业缺陷管理理论基础

借鉴医学思维的管理哲理建立基于医学思维的企业缺陷管理准则，包括企业生存、有效沟通、服务顾客、主动管理、基于证据、区别对待、相对管理、全要素参与和标准化管理九大管理准则。借鉴医学对待人和疾病的管理模式构建企业缺陷管理框架,包括诊断、治疗和预防三大步骤,并引入信息传递机制作为联结三大步骤的纽带,为企业缺陷管理提供了新的管理思路。与全面质量管理(TQM)模式、ISO 9001 模式或 GB/T 19001 模式、卓越绩效模式相比,本理论适用范围更为全面。首先,本书尝试利用一体化管理体系作为企业缺陷管理的基础体系,弥补了全面质量管理在组织结构方面的缺陷;其次,将顾客的概念延伸至组织、员工、供方和社会等领域,克服了标准管理体系关注对象不全面的缺点;最后,本书提出以企业更好地生存作为企业缺陷管理的最高准则,关注所有可能影响企业健康发展的因素,而非卓越绩效模式强调整体得分而忽视各因素之间衔接的有效性的观点,同时扩大了卓越绩效模式的适用范围,卓越绩效模式仅对行业标杆企业具有激励作用,其他企业不愿意采取此模式进行管理,而本书理论强调企业生存的管理理念对任何企业都具有适用性。

1.4.3 构建了企业缺陷信息传递的真实机制和信任机制

通过对我国企业缺陷信息的真实性要求及现状分析,提出企业应建立全面的企业缺陷信息化平台以提高企业缺陷信息的真实性。通过信息传递博弈模型的结论提出企业应获得从生产到流通所有环节的企业缺陷认证以提高顾客对企业缺陷信息的信任程度。通过真实机制和信任机制增强企业与顾客之间的沟通效率,实现企业缺陷管理水平提升的目标。

1.4.4 构建了企业非健康状态下的企业缺陷管理方法

以顾客缺陷感知作为企业缺陷的诊断标准,利用随机游走模型模拟顾客价值的变化过程,完成企业缺陷状态的判定,并给出企业缺陷致因的分析方法,形成企业缺陷的诊断功能。同时,利用 QFD 确定企业缺陷的治疗需求和治疗优先顺序,并利用博弈模型分析企业的承受能力,形成企业缺陷的治疗功能。通过企业缺陷的诊断和治疗实现企业由非健康状态向健康状态的转变,借鉴医学对人体健康与不健康两种状态区别对待的管理理念,提出了构建独立于现有标准管理体系以外的企业缺陷改进方法,形成了企业缺陷的并行管理模式,解决了标准管理体系无法适应剧变动态环境的缺点。

1.4.5 构建了企业健康状态下的企业缺陷管理方法

通过对现有管理体系的有效整合建立企业缺陷预防体系,确保企业缺陷水平处于受控状态,形成企业健康生存的基础,并对企业缺陷预防体系进行有效性评价，实现企业缺陷的预防由静态到动态的转变。此外，本书还认为企业缺陷的预防起到了承上启下的作用，即企业缺陷的预防不仅是企业缺陷管理活动的终点，也是下一次管理活动的起点，这使基于医学思维的企业缺陷管理理论具有持续改进、不断学习的特点。

第2章　企业缺陷及其管理属性的需求分析

2.1　企业缺陷的内涵界定

2.1.1　企业缺陷的相关概念

在界定“企业缺陷”前，本书先给出与之相关的两个概念的定义。

1.“过程”

其是指按顺序排列的任务或事件。通过过程创造出一种产出，即一件产品:实物、服务或信息。过程包括每个步骤中涉及的各个方面:人员、技术、软件、机器、工具、原材料、设施、程序、管理、环境等。

2.“顾客”

其原指购买物品商品的人购买物品商品的人现用消费者解释，而顾客被国际标准化组织(ISO)定义为:接受产品的组织或个人，并延伸至接收上道工序的产出的下一道工序。根据这一定义，本书将“顾客”定义为接受过程中任何一个步骤产出物的主体。按照这一定义，顾客可分为外部顾客和内部顾客两类，外部顾客也就是最终消费者、使用者、受益者或环境，内部顾客有股东、企业管理者、企业员工等。

2.1.2　企业缺陷的定义

《辞海》将缺陷定义为瑕疵、欠缺、缺点、不完美，即未满足与预期或规定用途有关的要求。在质量管理领域，缺陷是指产品不能提供人们有权期待的安全性，或存在不合理的危险，即顾客的安全需求无法得到满足。

企业缺陷的概念最早出现在企业的产品质量过程中，对于产品质量缺陷的认定在美国《第二次侵权法重述》第402条有明确规定，即将消费者期待作为产品质量缺陷的评判标准。随着信息透明化和扩散度越来越高，政府和公众对企业运营中的缺陷问题越来越关注，对这种缺陷现象的容忍程度也是越来越低。所以越来越多的企业缺陷被公众发现和熟知，逐渐衍生出企业的缺陷族群，如作业环境的安全隐患、作业后产生的环境污染、污染对员工产生健康问题以及影响更加深远、广泛的社会责任缺失等。

考虑到顾客需求的不断发展，此类潜在的和已经暴露的缺陷会越来越多。为使研究更具普适性和警示性，本书将“缺陷”一词延伸至企业未达到规定的状态或要求，并将“企业缺陷”定义为企业的生产经营活动中某种过程的结果使顾客的需求无法得到满足。应当注意的是，企业缺陷是在企业生产经营活动的某一过程中形成的，是过程的结果。企业缺陷的发生会对顾客的利益造成损害。

由于传统研究倾向于分类研究，目前企业针对某一类缺陷通常采用一一对应的管理模式。但是，随着企业缺陷涉及的方面越来越广泛、复杂且具有交叉性，仍然单纯地用多种管理模式累加的处理方式，必然会导致管理成本急剧增加，更重要的是在很大程度上阻碍了企业管理水平的提高。最近的研究已经开始注重不同类别之间的差异甄别和相同点融合。因此，对企业缺陷进行整合管理成为必然选择。

2.1.3 企业缺陷的主要构成

1. 质量缺陷

美国学者及法律条款认为，质量缺陷应该以消费者的预见能力作为衡量标准，即通过由消费者根据自身已有常识和产品提示信息带来的期望判定该产品是否具有不合理的特性存在。若产品的不合理特性超出消费者期望，则该产品可以判定是缺陷产品。质量缺陷是指存在于产品的设计、原材料和零部件、制造装配或说明指示等方面的，未能满足消费或使用产品所必须具备的合理安全要求情形，从而导致产品存在危及人身、他人财产安全的明显或者潜在的被社会普遍公认不应当具有的危险。其中，产品无法实现设计意图或者未能利用更合理的设计减少甚至避免可预见的产品损害风险，使产品存在不合理的安全性能，称该情形为设计缺陷；企业在生产过程中明知或未能合理检测出原材料和零部件存在不合格情况，使最终产品存在不明显或潜在的质量问题，称该情形为原材料和零部件质量缺陷；由于在加工、制作、装配等制造过程中的失误或疏忽而导致产品存在不合理的危险，称该情形为制造缺陷；对于产品的正确使用方式与方法或可能出现的有关的危险没有给予适当的指示或警告，导致产品存在不合理的危险，称该情形为指示和警告缺陷。

欧洲将产品质量缺陷描述为在考虑了所有情况后，如果产品不能提供人们有权期待知晓的诸如产品使用说明、产品能够投入合理期待的使用范围或功能、产品投入使用的时间范围等安全属性，即为产品质量缺陷。

《中华人民共和国产品质量法》将产品质量缺陷描述为消费者有权以存在不合理的生产标准和危险标准为判据（不符合生产标准的判据为优先判据），认为产品存在质量缺陷，而向产品的生产者、销售者提出质询和赔偿，并向产品质量监督管理部门、工商行政管理部门及有关部门申诉，有关部门应当负责处理。一般而言，在产品存在国家标准、行业标准的情况下，若产品不符合相关标准却已进入流通领域，则该产品可被认定为缺陷产品。但在中国，很多行业没有明确标准衡量产品是否存在不合理的危险，一般由执法部门根据其专业知识及民众合理诉求判断是否存在质量缺陷。我国规定的质量缺陷通常包括制造缺陷、设计缺陷、原材料缺陷、警告缺陷和发展缺陷等。

虽然以上对于产品质量缺陷的描述略有差别，但纵观任何国家或地区，历史的司法实践均把销售方的知识、当前技术水平下的合理替代品、无法避免的不安全产品等列为产品质量缺陷判定的主要考量因素。

2. 安全缺陷

美国著名安全工程师海因里希在美国工业安全经验的基础上，提出了事故致因理论。该理论指出生产经营单位的安全缺陷主要包括人的不安全行为或物的不安全状态、遗传、社会环境、人的缺点、事故损害或伤害五个因素。

国外学者普遍认为，安全缺陷是指生产经营单位在生产经营及与其有关的活动中突然发生的，导致原活动暂时中止或永远终止的意外事件，能够直接对人身安全、健康或生产设备设施造成损害，带来经济损失。

在我国，安全缺陷是指生产经营单位在生产经营及与其有关的活动中存在的可能导致不安全事件事故发生的其他因素，或违反安全生产相关法律法规、规章制度、标准等的规定，从而致使形成人的不安全行为、物的不安全状态、生产环境的不良或工艺与管理的缺陷。从性质上可分为一般安全缺陷和重大安全缺陷。

由于现代工业体系呈现出分散分布和远离市区等特点，除了对环境的污染外，安全缺陷导致的损害大多局限于企业内部，消费者一般不会主动参与企业内部的安全生产管理来挽救安全缺陷带来的损失。但就企业本身而言,它追求利润最大化,要求其在生产过程中尽可能减少支出,而且企业的安全生产状态直接影响到企业的外部形象。因此,企业会非常积极地寻求安全生产的有效管理方式。但安全缺陷会存在群体行为,存在危害公共安全的隐患。因此,对企业安全缺陷的管理也强调政府执法部门对所有参与者的领导和处理,要求有相关的管理措施或法律法规对安全缺陷进行适当的管理和限制。同时,政府职能的完整程度及执行效果受到民众的关注,影响范围较大也较为显著。

3. 职业健康缺陷

职业健康缺陷指生产经营及相关活动中出现的危害职工健康的问题。与安全缺陷不同的是,职业健康缺陷侧重于在工作中因环境及接触有害因素引起人体生理机能的变化,与安全缺陷共同构成职业健康安全管理体系的管理对象。20 世纪 80 年代后期,针对安全缺陷和职业健康缺陷问题,应运而生了一种现代安全生产管理模式——职业健康安全管理体系,包括安全标准和健康标准两类。安全标准设立的目的是使工人不受人身伤害;健康标准设立的目的是使工人不受职业病的侵害,涉及有毒物质和有害物理介质。

4. 环境缺陷

ISO 14000 对环境影响有明确的界定,是指全部或部分地由组织的环境因素给环境造成的任何有益或有害的变化。其中,环境因素是指一个组织的活动、产品或服务中与环境相互作用的要素;环境是指组织运行活动的外部存在,包括空气、自然资源、动植物和人以及它们之间的相互关系。我国完全认同和采用 ISO 14000 对环境影响的界定。

企业环境缺陷仅仅和 ISO 14000 中环境影响定义中所指的“任何有害的变化”范围相同,也就是指企业在生产运营过程中对环境造成的有害影响。狭义地说,它是指企业的最终产品(生产过程的附属产物)在长期或大范围使用(排放)后会对生态环境造成污染,进而对人体健康造成不同程度的危害。

5. 社会责任缺陷

Bowen 从义务的视角首次提出了“企业社会责任”这一概念,认为企业具有决策和做出与社会的价值和目标一致的行为的义务。Carroll 在此基础上将企业社会责任进一步细化为四个层面,即自由决定、法律、伦理、和经济。其中,自由决定层面指进行公益和慈善等增加企业社会福利的自愿行为;法律层面指企业的活动不应超过法律所规定的限度;伦理层面指社会对企业的期望具有在法律框架以上的符合伦理及道德标准;经济层面指企业有向社会提供产品和服务来获取利润的责任。与这一观点类似的是，欧盟认为企业社会责任是指企业在商业运作中整合对社会和环境的重视，并基于自愿基础上与其利益相关者互动，包含自愿、利益相关者、社会、环境、经济五个方面。企业对社会责任的反应划成三个阶段：第一阶段，社会责任形成阶段，即企业意识到自身对社会应负的经济和法律职责；第二阶段，社会责任学习阶段，即企业努力适应社会中消费者对其社会表现的期望；第三阶段，社会责任达到阶段，即企业主动采取一个长期的具有前瞻性的计划去实现其社会绩效。

根据上述研究，本书将社会责任缺陷定义为一个组织对社会应负责任的缺失，或无法以一种有利于社会的方式进行经营和管理。社会责任体现在企业环境保护、社会道德以及公共利益等方面，由经济责任、持续发展责任、法律责任和道德责任等构成。

6. 企业缺陷内涵的开放性

由企业缺陷的定义可知，企业缺陷的构成并不是固定的、封闭的，而是一个不断发展的概念，其构成随着顾客的需求不断增加而丰富，是一个开放的系统，如图 2.1 所示。

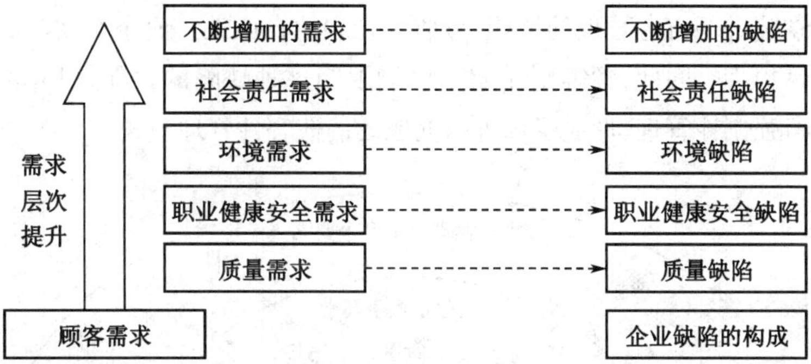

图 2.1　企业缺陷构成的发展趋势

2.1.4　企业缺陷构成的共性融合

从上述的比较可知，企业的众多缺陷主要有五类共同属性。

①所有缺陷都是在企业的生产经营活动的某一过程形成的，但却不是企业管理的核心职能所关注对象。

②随着社会的发展，顾客的需求会不断提升，而出现企业缺陷是因为企业的经营没有达到顾客的预期，这些缺陷会导致企业或顾客的需求无法得到满

足。例如,质量缺陷会威胁到顾客的安全需求缺失,顾客因安全原因拒绝购买和使用企业的产品或服务,导致企业生存需求无法满足;职业健康和安全缺陷导致企业和小范围社会主体的安全需求无法满足,同时,与企业密切相关的小范围企业外部主体无法获得安全感和归属感;环境缺陷直接造成企业和大范围社会主体没有安全感,企业被认为是非法的而没有归属感,而顾客则认为企业只会自私地考虑自身利益而不尊重他们的权利;社会责任缺失使企业无法融入到当地社会的生活和文化,且无法得到认可和尊重,更不会有自我实现的动力,而顾客则无法利用企业提供更好的产品、服务、薪酬或福利来充分实现自我价值。

③企业缺陷具有双向危害性,给外部顾客带来损害也对企业自身造成伤害。

④企业缺陷是客观存在的,但都具有临界点。在临界点以下对企业有利且后果容易控制,超过临界点企业的行为属于违规甚至违法行为,其后果不确定并且很难处理。

⑤企业缺陷逐渐演变为企业建立竞争优势的要素。随着管理理念和生产方式的转变,企业缺陷已成为了企业核心竞争力的重要组成部分,如图2.2所示。企业希望有效地控制这个范围积累有利因素,避免违反法律法规,激发了企业对缺陷进行自主管理的欲望,形成了管理的自愿性。而企业缺陷必然会给顾客带来损害。因此,顾客则希望尽可能限制这种缺陷的存在,以外部手段对缺陷进行强制性管理,形成了内外双向驱动的兼容性管理模式。

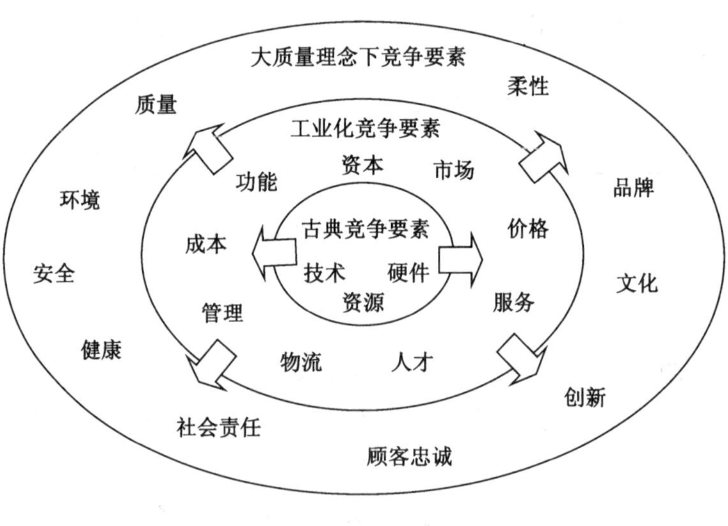

图2.2 企业竞争要素的演变趋势

2.2　企业缺陷管理的驱动机制

2.2.1　外部驱动机制

企业缺陷管理受到来自于诸如政府管制、法律约束、社会压力等外部因素的制约。由于企业缺陷的“外部效应”涉及市场、社会和国家三个层面，涵盖了三个主体：企业、社会和政府。这三个主体相互的牵制与平衡形成了企业缺陷管理的外部驱动机制。外部驱动机制包括政府管制、社会压力，其中政府管理主要包括政府对企业缺陷的干预以及法制环境对企业缺陷的容忍标准，社会压力则来自于企业内外的利益相关方。

2.2.2　内部驱动机制

企业缺陷管理不仅仅受到外部压力的掣肘，也受到自身企业内部的经济驱动与道德驱动，它由企业管理者的道德观念、企业缺陷管理回报的高低、股东的反应等因素综合决定。企业缺陷管理的双向驱动模型如图2.3所示。

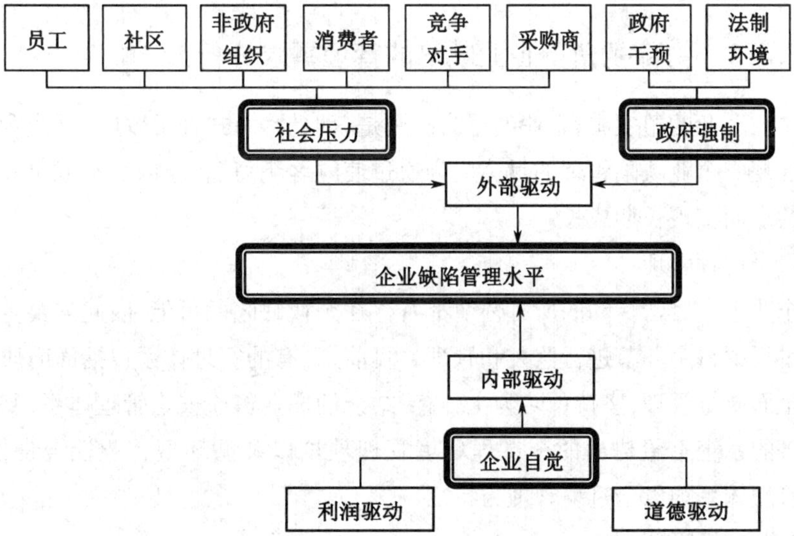

图2.3　企业缺陷管理的双向驱动模型

利益驱动和道德驱动共同构成了企业进行缺陷管理的内部驱动因素。因为从本质上看,企业对于自身声誉的追求是除直接经济效益以外的期待企业价值增长的另一个重要方面,这让企业有动力去自主提高道德水平,维护自身形象,从而使企业有意识地主动减少企业缺陷,对企业缺陷进行管理。

企业进行缺陷管理的外部驱动因素来源于社会相关利益各方对于企业忽视缺陷管理的反感、政府对于企业缺陷管理缺失的强制性的干预和法律约束。因为当企业缺陷程度超出社会相关利益各方的预期时,会使这些外部力量通过市场行为或诉诸法律的方式,通过社会压力或升级为政府对企业的强制管理方式,对企业内部经营活动实施控制。因此,企业缺陷管理是外在约束(政府强制、社会压力)和企业自身内在自觉(利润驱动、道德驱动)的有机统一。内外驱动的有机结合推动着企业积极进行缺陷管理,使企业的缺陷问题逐步减少。

2.3 企业缺陷的管理需求分析

企业缺陷的发生和发展介于“外部效应”和违法违规两种状态之间,这两种状态的转化界限不太明晰。因此,企业内、外部顾客对企业缺陷的管理要求有较大的区别。

2.3.1 内部视角下企业缺陷的管理需求分析

站在企业的角度看,企业的行为准则是获取最大的“外部效应”并避免违反法律法规。企业缺陷管理的目标应为通过使顾客满意、企业内所有成员及社会多方共赢而实现长期成长。

1. 全过程管理

企业生产经营活动的所有环节都有存在企业缺陷的可能,因此需要企业对经营过程中每个环节进行监控和管理。目前,已有的管理体系包括面向质量缺陷的全面质量管理,坚持预防为主、防治结合的职业健康安全管理体系,基于循环经济的系统思想提出的全过程环境管理理论以及循环型企业社会责任等。这些管理体系均以全过程管理为特征。

2. 获利性管理

如果企业通过对企业缺陷进行主动管理而使企业行为满足自身及顾客的需求,还可以让企业获取额外的收益。

首先,低水平的企业缺陷水平有利于企业产出高质量的产品和服务,形成优质优价的有利竞争局面,为企业获得更多的利润奠定了基础。

其次,有利于塑造良好的企业形象。企业主动承担企业缺陷带来的不利结果,会向社会展示出富有责任感的企业形象,增加社会对企业品牌的好感度,增加顾客的忠诚度,使企业获得可持续发展的利润源泉。

最后,有利于推动优秀企业文化建设。企业文化对内是推动员工同向而动的推动力,对外是不断协调企业与社会价值步调一致的协调力。

由于利益的驱使,企业缺陷管理促使企业将社会责任更好地落实在生产经营中,从而形成良好的企业文化。反之,更具指向性的企业文化能更好地凝聚企业上下,使外界更清晰地了解企业形象,对企业持续获利起到积极促进作用。另外,由于企业缺陷在一定范围内具有负外部性特征,企业只要将缺陷稳定地控制在合理水平的临界范围内,让顾客承担这些缺陷造成的损失,不仅可减轻管理压力,还能减少管理成本。

3. 预防性管理

为了应对日益增加的管理需求压力,企业对待缺陷的管理态度从抗拒拖延变为事后处理,再演变为事前预防。其管理目标不只是为了规避企业缺陷所产生的风险和损害,更重要的是通过建立预防性企业缺陷管理机制,获取超越对手的竞争优势和其所创造的价值。

2.3.2 外部视角下企业缺陷的管理需求分析

顾客的行为准则是尽可能使自身需求得到满足,并避免自身利益受到伤害。顾客对企业缺陷进行管理的目标应为大限度地满足自身需求,同时促进社会、环境与企业的和谐发展。

1. 间断性管理

由于信息不对称和监管机构资源有限,顾客无法向企业自身那样对整个过程实施持续监控。出于警示性和成本效益最大化原则,顾客选择频率适当的间断性管理是在客观约束下的最好策略。由于这种间断性管理是随机性和定期性相结合的,使得企业无法忽视对企业缺陷的持续管理。如果企业企图蒙混过关而忽视管理,一旦被顾客突击检查发现企业缺陷,企业将受到如大额罚款、停业整顿等较大程度的惩罚,这会导致企业遭到经营成本骤增、生产效率降低、声誉不良等损失。

2. 前瞻性管理

企业缺陷的出现大多是由顾客的预期提升造成的，而这种预期的提升反映了社会的发展、科技革命和法制完善等价值观层面的进步。因此，顾客的需求代表了先进社会生产力的发展要求，应与这种发展和进步相匹配，甚至应引导着这种发展的方向，应提前预见企业缺陷新构成的出现，并制定出相应的应对措施进行前瞻性管理。

3. 强制性管理

由于信息不对称和顾客需求提升的不确定性，企业缺陷导致的不良后果具有较强的隐蔽性。当顾客意识到并发现它们时，企业缺陷的影响已经很严重而且很难自然消退。政府必须通过强制性措施尽可能控制以避免不良后果的广泛蔓延，避免产生次数更多、程度更深的危害。当政府介入到企业缺陷的管理当中，就说明企业的行为已不再合理且企业已失去对缺陷的控制能力，政府必须使用其强大的权利和影响力对企业缺陷采取强制性管理手段，以确保顾客的利益不受侵害。

2.4 企业缺陷管理的功能与内容分析

2.4.1 企业缺陷管理的功能分析

企业缺陷管理就是为保证企业实现其目标而对企业缺陷进行识别、控制和持续改进的一系列活动。通过这些活动不断发现、分析和消除企业缺陷，从而减少或避免企业缺陷导致企业目标的偏差以及带来的损失。

从功能角度讲，传统的企业缺陷管理具有识别、控制和持续改进功能。持续改进功能不仅是保障识别和控制功能发挥作用的基础，也是识别和控制功能的作用结果。因此，持续改进成为了传统企业缺陷管理的核心理念，例如质量、环境、职业健康管理体系遵循 PDCA 戴明环理念，全面质量管理的持续改进思想，6σ 管理的 DMAIC 模式等。缺陷的识别功能是缺陷控制功能的基石，缺陷识别的结果决定了缺陷控制的方法和手段。因此，企业缺陷管理是由识别功能—控制功能—持续改进功能形成的闭合循环。表 2.1 对现有企业缺陷管理理念进行了功能实现的比较。

表 2.1 企业缺陷管理理念的功能实现比较

<table>
<tr><th>功能</th><th colspan="2">PDCA 循环</th><th colspan="2">DMAIC 模式</th><th>其他管理理念</th></tr>
<tr><td rowspan="3">识别功能</td><td rowspan="3">P 阶段</td><td>1. 分析现状,找出缺陷</td><td>D 阶段</td><td>1. 定义缺陷</td><td>识别问题</td></tr>
<tr><td>2. 分析产生缺的原因</td><td>M 阶段</td><td>2. 测量缺陷</td><td>收集信息</td></tr>
<tr><td>3. 找出影响缺陷的主要因素</td><td>A 阶段</td><td>3. 分析缺陷</td><td>分析信息</td></tr>
<tr><td rowspan="4">控制功能</td><td rowspan="3">D 阶段</td><td>4. 制措施计划</td><td rowspan="4">1 阶段</td><td rowspan="4">4. 缺陷改进</td><td>生成解决方案</td></tr>
<tr><td rowspan="2">5. 执得措施计划</td><td>选择方案</td></tr>
<tr><td>行动计划</td></tr>
<tr><td>C 阶段</td><td>6. 检查计划的实施情况</td><td>尝试解决方案</td></tr>
<tr><td rowspan="2">持续改进功能</td><td rowspan="2">A 阶段</td><td>7. 总结经验,工作结果标准化</td><td rowspan="2">C 阶段</td><td rowspan="2">5. 缺陷控制</td><td rowspan="2">持续改进</td></tr>
<tr><td>8. 锁定未解决的问题</td></tr>
</table>

企业缺陷管理的识别功能贯穿于企业整个生产经营过程,帮助企业发现任何影响企业目标实现的缺陷,是企业缺陷控制的基础。企业缺陷的识别功能主要通过以下三种途径实现:

①对企业生产经营的全过程进行监视;

②对企业缺陷状态进行判定,确定企业缺陷是否存在;

③识别企业缺陷基因,将企业发现的缺陷与已知的缺陷进行对照,确定企业缺陷的成因,为企业制定缺陷控制的方法和途径提供参考。

企业缺陷管理的控制功能是指根据企业缺陷的识别结果,制定针对企业缺陷成因的行动方案并实施,达到减少或消除企业缺陷的目标,从而减少或避免企业损失以及目标的偏差。企业缺陷的控制功能依赖于企业缺陷的识别功能而存在,它与企业缺陷的识别共同构成了企业缺陷管理的核心功能。

企业缺陷管理的持续改进功能是指对企业缺陷的识别和控制方法库的不断更新和补充以适应企业缺陷不断发展的要求,通过不断积累经验来提高对企业缺陷的识别与控制水平。企业缺陷管理的方法库包括缺陷类型、缺陷特性、产生的危害、缺陷控制手段等相关内容。

2.4.2 企业缺陷管理的内容分析

企业缺陷管理应包括以下内容：

①定义缺陷并对其持续监视；

②定义顾客需求，建立企业缺陷方法库，主要通过对搜集和整理企业生产活动和顾客反馈的相关信息建立企业缺陷方法库；

③对缺陷状态进行判定，并确定产生企业缺陷的原因；

④根据企业缺陷的成因制定有效的控制方案并实施；

⑤对企业缺陷的控制效果进行评价并总结识别和控制的经验和教训，如图2.4所示。

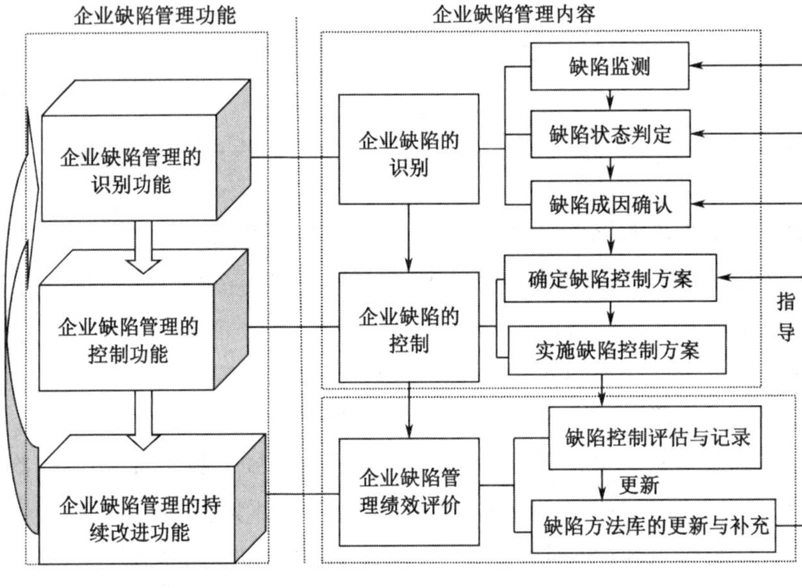

图 2.4 企业缺陷管理的功能内容关系图

1. 定义缺陷并对其持续监视

随着企业涉及领域的不断扩大，顾客需求日益深化，企业缺陷的构成越来越广泛。获得对企业缺陷的清晰认识是实施企业缺陷管理的首要问题，企业缺陷的定义保证企业缺陷管理活动具有目的性。在明确企业缺陷以后，企业必须利用相关手段持续地监测企业缺陷的状态，确保缺陷水平在可接受范围内。

2. 确定顾客需求,建立企业缺陷成因库

采用市场调查、访谈、正规投诉系统、顾客评分卡、数据库分析、顾客审计等方法确定顾客需求,掌握顾客需求的发展变化,并传达给企业高层管理者。从顾客需求确定企业缺陷可能存在的环节、表现形式、特性以及其可能引发的危害等因素,建立一个全面准确的企业缺陷成因库帮助准确判断企业缺陷状态及成因,通常企业会建立一个信息化平台实现企业缺陷成因库的实现。

3. 以顾客需求为标准选取数据可获取且有价值的指标对企业缺陷状态进行判断

只有以正确的标准判定企业缺陷状态,才能准确地掌握企业缺陷的现实状态,对企业缺陷的潜在危害进行评估,找出企业缺陷产生原因并制定合理的管理方案。因此,企业缺陷状态的判定结果直接决定了企业缺陷管理活动的合理性。结合企业缺陷成因库检测企业缺陷状态判断结果的准确性,确认其是否有价值。通过对企业缺陷成因库所反映出来的成因,如次品率、次品成本等进行数量和原因方面的分析,识别可能的改进机会。

4. 根据缺陷状态和成因制定缺陷控制方案及优先次序,并将方案付诸实践

辨别企业缺陷控制的优先次序,找到高潜力的改进机会,优先对其实施管理。如果不确定优先次序,企业的资源就会分散而无法达到最佳的管理效果,影响企业缺陷管理效果。

5. 根据预先设定的控制目标,纠正缺陷控制过程中出现的偏差,确保缺陷控制保持在既定的轨道,避免产生较大的失误

以书面形式记录企业缺陷过程及结果,更新与补充企业缺陷管理的方法,并对其进行连续的评估以支持改进,形成企业缺陷的闭环管理,不断向卓越绩效水平推进。

2.5 本章小结

本章主要对企业缺陷的基本概念及其对管理的需求进行了阐释。首先,界定了企业缺陷的内涵,分析了企业缺陷的具体构成及特征,阐述了“企业缺陷”这一概念提出的合理性和适用性;其次,分析了企业缺陷管理的驱动机制,从外部需求和内部需求两个方面分析企业缺陷管理的驱动力;再次,从内部视角和外部视角两个方面分析了企业缺陷的自我管理和非自我管理特点;最后,通过

对现有企业缺陷管理的比较,总结出企业缺陷管理的功能应包括缺陷的识别、控制和持续改进三项功能,并根据功能的实现确定了企业缺陷管理的详细内容。

第3章　基于医学思维的企业缺陷管理理论基础的建立

3.1　基于医学思维的企业缺陷管理需求分析

3.1.1　企业缺陷管理需求的延伸

1.“大质量”概念的提出

美国著名的质量管理学家朱兰教授提出的质量适用性观点是“大质量”概念的原型，他认为“质量”不应仅仅局限于产品质量，还需要包括设计质量、符合性质量、有效性和服务等众多领域的广义质量。他认为质量是由企业从生产到交付的一系列过程形成的，根据这一观点提出的“过程质量”再次拓展了质量概念的内涵。美国学者 A. V. Feigenbaum 在 20 世纪 60 年代初期提出了“全面质量管理”的思想，认为影响产品质量的因素存在于企业的各个方面，必须以质量为中心对企业各个方面实施质量管理才能够提高产品质量和经营效果的目的，这种理念将质量概念的进一步扩大到了企业经营领域。日本学者石川馨将广义质量解释为产品质量、过程质量与工作质量的总和。朱兰教授也曾不止一次地提到“采用大质量的概念已不可逆转”这一发展趋势。

综上所述，“大质量”的概念包含的内容可以概括为：战略质量、决策质量、目标质量、规划或计划的质量（即产品质量）、适用性质量（质量、成本、价格、交货期、服务及信誉等对顾客的适用性）、过程质量（营销过程、设计开发过程、生产过程、管理过程、改进过程、服务过程等质量）、组织、体系或人的质量、工作质量、生活质量（包括环境质量）、受益者满意的质量。

本书提出的“企业缺陷”这一概念与“大质量”概念相似。相比于“大质量”理念，“企业缺陷”这一概念可以从五个方面理解。

(1)企业缺陷的范畴

企业缺陷既包括企业微观层面的缺陷,还包括宏观经济层面的缺陷,不仅是产品缺陷、过程缺陷、服务缺陷等微观层面的缺陷,还包含更多的内涵,如社会发展缺陷、环境缺陷、生活水平缺陷等。

(2)广义的企业缺陷管理跨度

企业缺陷管理已涉及企业所有的部门、过程和员工,并延伸至企业的整个供应链中。

(3)结果与过程的统一

研究缺陷形成的过程要研究产品实现的全过程,既要关注产品的设计、制造、销售、服务等过程,还要研究和管理组织之间的合作过程以及组织与相关方之间的合作过程。

(4)系统管理的思想

“企业缺陷”的概念强调系统最优,企业缺陷管理的思想就是要重视整体策划,接口合理,重点突出。

(5)固有特性和赋予特性的结合

“企业缺陷”的概念包括的缺陷特性,既包括产品固有的特性,也包括环境、文化赋予的特性。这些特性随着时间、环境的变化而变化,这些变化表明了企业缺陷特性的动态性。

2. 企业仿生化

随着企业管理理论不断发展和丰富,大量学者认为企业和生命体很相似,不是一个机械的多要素的组合结构。管理大师 Peter F. Drucker 提出企业不应仅被视为一种利益组织,存在于社区之中且具有生命。Stephen L. Merker 提出企业是在市场中谋求生存机会的生命体,并从生命系统理论角度构建企业管理框架。学习型组织理论奠基人、荷兰皇家壳牌石油公司前战略专家的管理大师 Arie de Geus 在《The Living Company》中创新提出“生命型企业”这一概念,把企业分为经济型、生命型两类。他认为生命型企业是为了在社会中实现自我价值,给社会带来贡献的超经济利益的生命组织,认为企业是具有愿景和使命并和所处环境和谐相处的生命体,企业生命体保持健康并成长就意味着企业能够获得持久的利润,并具有可持续发展能力。我国学者也对企业生命体进行了详细、深入研究并形成了大量有借鉴意义的成果和观点。王子平等首次系统地分析了“企业生命”的内涵、结构等创新思想。唐海滨在《企业生命论》及《企业生命的秘密》等著作中深入探讨了企业生命相关问题。韩福荣等在《企业仿生学》

中提出了企业仿生的观点,从生命体征角度类比企业行为及其环境,研究企业生存和持续生长问题。丁任重在《企业生命体》中,将企业看作生命体,深入探讨了企业生命体的组成与演化过程、企业生命力的形成与影响因素、企业生命体与环境的关系等议题。以上研究都将企业与生命体进行关联,将企业看成是特殊的生命有机体,从生命理论的视角研究企业。

传统意义上企业是基于理性人假设的,是追求利润至上的机械的多要素组合结构,所有企业的结构都被视为一致的,其目标也是浅显的以追求利润为企业经营宗旨。随着企业与环境关系方面的研究逐步丰富与深刻,企业对于经营目标的看法也相应地发生着变化:从单一地追求利润最大化到企业长期稳定获利,再到以顾客需求为导向,最后发展到追求企业的社会价值的可持续发展的。企业若想获得可持续发展,就不应该将经济型作为企业定位,应逐走向成为生命型企业的道路。生命型企业与经济型企业的主要区别如表3.1所示。

表3.1 生命型企业与经济型企业的主要区别

项目	生命型企业	经济型企业
企业务宗旨	追求生命的价值	追逐利润
经营目标	生存与发展	利润最大化
管理的目的	为长寿而管理	为盈利而管理
发动的驱动力	自身固有的发展潜力	未获取更多的利润
成功的标准	持续的繁荣与成长	最高市场占有率、销售额和资本报酬率
组织特征	学习型组织	缺乏学习能力的机械型组织
经营者对企业的认识	有机生命体	赚钱的机器
对待利润的态度	利润是实现企业生命体力劳动价值的手段,为用户创造价值的自然回报	利润是企业一切活动的目的
与顾客的关系	互利共生的关系	纯粹的经济关系

生物体依靠具有多个器官的生命系统共同执行一种或多种生理功能。器官是由不同的细胞和组织构成的结构,用来完成某些特定功能,并与其他分担共同功能的结构一起组成各个系统。企业和生命有机体相同,也有相应的器官系统,依据功能相似性能将企业各个系统与生命有机体各个系统进行一一对

照。但随着研究的不断深入，机械物理系统的企业系统与生命生态系统仍存在各自不同的特征，其类比见表3.2。雷海明提出企业生命工程研究应采用系统论与还原论相结合的观点。

表3.2　企业生命体与生物体的类比

<table>
<tr><th>企业生命体与生物体的相似处</th><th>企业生命体与生物体的差异处</th></tr>
<tr><td>1. 都有一个发育与成长的过程</td><td>1. 结构联结方面，企业组织比生物组织分散</td></tr>
<tr><td>2. 结构都会随着规模扩大而增加</td><td>2. 企业生命体内部联系是利用符号实现的</td></tr>
<tr><td>3. 组织会通过相互依赖的机制实现分化的结构和功能的整合</td><td>3. 企业生命体是根据人类自身需求而设计、制造的，而生物体是自然形成的</td></tr>
<tr><td>4. 结构的分化都伴随着功能的分化</td><td rowspan="3">4. 企业生命体的每个细胞都有独立意识，而生物体的细胞不具有独立意识</td></tr>
<tr><td>5. 结构本身是个整体</td></tr>
<tr><td>6. 各子系统都有微结构</td></tr>
</table>

3. 企业缺陷的类病特征

企业缺陷与人体的遗传病具有高度的一致性。因此，本书通过类比的方法探讨企业缺陷的形成机理。遗传病是指由遗传物质发生改变而引起的或者是由致病基因所控制的疾病。遗传病是完全或部分由遗传基因决定的疾病，完全由人体内的遗传基因决定发病，并且出生一定时间后才发病，有时要经过几年、十几年甚至几十年后才能出现明显症状，具有较强的潜伏期。假设产生企业缺陷的原因（存在缺陷的人或物）为企业缺陷基因，通过企业的生产经营行为（基因转录与翻译法则）与企业的人和物进行结合形成顾客所需要的产品称为企业缺陷基因的表达（基因表达），此时企业所表现出的缺陷特性是无数的缺陷基因构成。

企业缺陷是企业固有的属性并具有一定的潜伏期，通常企业缺陷本身没有危害，它必须借助某些介质表达出来（即通过生产活动形成产品），并且这种介质流通至顾客时才会表现出异常的迹象，例如生产产生的废物，带有缺陷的产品，受伤的员工等。本书将企业缺陷与遗传病的特征进行对比，如表3.3所示。

表3.3　企业缺陷与疾病的比较

比较项	企业缺陷	遗传病	备注
致因	企业自身固有属性	人体基因	相同
覆盖范围	广且不确定	广且不确定	相同
作用原理	通过某介质在企业生命体中存在	基因通过附着于染色体作用于人体	相同
潜伏期	存在	存在	相同
表现状态	显性和隐性	显性和隐性	相同
外界干扰程度	不易干扰	不易干扰	相同
危害程度	不确定	不确定	相同
致病因素源头	企业自身	父母基因的遗传	不同
发病率	显－高/隐低	显高/隐－低	相同
致病周期	长期不变	代代遗传/隔代遗传	不同
致病基因发现程度	很难	很难	相同
治疗方法	事前预防、事后处理	事前预防	不同

(1)企业缺陷的致病性

致病性是指由企业缺陷而引起的企业生命体产生疾病的能力。而危害性是指企业缺陷导致企业远离健康状态的强弱程度。企业缺陷对企业生命体的细胞的致病作用包括来自企业缺陷的直接损伤和企业免疫系统错误应答两个方面。

①引起企业生命体的细胞变化

本书将组成企业的一切因素诸如人、机、物视为企业生命体的细胞。那么企业细胞被企业缺陷感染后,两者相互作用下可表现为以下几方面。

a. 杀细胞性感染

企业缺陷一旦进入企业生命体的易感细胞会造成细胞损伤与死亡,本书将这种感染定义为杀细胞性感染。例如,企业对存在质量缺陷的产品实行召回或退换制度,安全和职业健康缺陷导致安全事故导致员工或生产设备损坏无法正常使用。

b. 稳定状态感染

企业生命体在感染状态下仍然能够暂时保持企业健康,称为稳定状态感染。某些企业缺陷对企业细胞影响不是很大,企业疾病发展缓慢,企业细胞短时间内不会死亡。例如,缺陷产品未能及时被检测出来却进入流通领域;企业为了提高工作效率而减少某些必要的安全步骤;员工短时间内在工作环境中吸入少量有害物质并未对身体健康造成损害;企业排放少量有毒废气、废水或废物但未达到危害环境的标准;在获得高额利润的前提下,企业为了节约成本而始终保持低薪水平。虽然稳定状态感染能够让企业暂时保持健康,但企业细胞与企业缺陷融合,有利于企业缺陷在企业细胞间的扩散。被感染的细胞与正常细胞掺杂且暂时不影响企业健康,从短期来看,这种融合未对企业造成伤害甚至有利,但企业免疫系统会认为这种结合是正确的而忽略这类问题,长期看存在很大隐患。

c. 企业生命体的细胞凋亡

由于企业缺陷感染,企业细胞通过自身的指令启动"自杀"的一种过程,也称为"程序性死亡"。例如,企业通过质量检测筛除不合格产品,通过安全检查更换违规操作的员工,调离较长时间身处高危环境的老员工,暂停存在环境污染的生产线。在企业缺陷危害出现前出现企业细胞自行死亡,是企业生命体不可或缺的自我防御机制。

d. 企业缺陷和企业生命体的整合及增殖

某些企业缺陷是企业生产经营活动的必然产物。这类企业缺陷结合至企业细胞中,称为整合。整合作用可使企业生命体的细胞遗传性状发生改变,转化的细胞可发生生长、分裂失控,导致危及企业健康的事件发生。

②引起的企业生命体变化

a. 企业生命结构的损伤及亲嗜性

通常情况下,企业缺陷对企业生命体的细胞的杀伤作用可导致企业某些生命体结构的损伤和功能障碍。例如,消费者拒绝购买存在质量缺陷的产品而使企业的营销系统瘫痪,事态进一步发展还会让企业资金断流,企业的财务系统也失去功能;因安全缺陷发生的安全事故损毁生产线,导致员工损伤,使企业的固定资产和人力资源系统和生产营销系统失去生产功能;企业环境缺陷或社会责任缺陷导致消费者不认可企业的产品或服务,生产和营销系统发生紊乱,为避免更大的损失企业不得不暂停生产活动,信息和文书档案系统对外部环境的预测失去准确性,企业被大量的负面信息所拖累而使企业政令不畅通,最终企业的高层管理机构制定的战略目标无法实现。如此类问题发展到必须由外部行政主体以法律手段强制要求企业进行处理,那么企业的运营系统和危机管理与预警系统的纠错功能基本丧失。企业缺陷对企业生命体的致病作用是有选择性的。例如,质量缺陷对企业的营销系统、财务系统有亲嗜性;安全缺陷对企业的固定资产和人力资源系统有亲嗜性;职业健康和环境缺陷对信息和文书档案系统、运营系统具有亲嗜性;社会责任缺陷对高层管理机构具有亲嗜性。

b. 免疫机能损伤

首先,企业默许少量的企业缺陷的存在不仅可以减少专门针对企业缺陷的管理成本,而且还可以把企业缺陷产生的风险转移给顾客,从短期来看这种融合对企业有利,企业危机管理与预警系统会认为这种结合是正确,忽略对企业缺陷的管理而导致企业危机管理与预警系统的抑制;其次,由于被企业缺陷感染的细胞与正常细胞混在一起,一般很难区分开,若采取过度严格的管理方式企业需要付出高昂的成本。例如,企业采取6σ 检验标准要比三西格玛标准多支付三倍以上的检测成本,还可能引发危机管理与预警系统的过度反应,例如将正常产品当成缺陷产品错误排除掉。

(2)企业缺陷的致病过程

企业缺陷的致病过程为入侵期、潜伏期、“外部效应”期、爆发期和恢复期五阶段。

①入侵期

由于企业过程能力的异常波动或顾客的需求上升,企业缺陷入侵到企业生命体中。因为过程能力的异常波动和需求上升都是随机的,所以企业和顾客均并未意识到企业缺陷的存在。

②潜伏期

潜伏期是指企业缺陷侵入企业生命体至最早出现疾病症状的固定时间。因为在企业生产运营中可能存在追求低成本而牺牲产品质量的生产思路、忽略安全隐患的危险意识、牺牲环境追求效益的运营理念等投机行为,企业缺陷能够在企业中进行自我复制。企业或顾客逐渐意识到企业缺陷的存在,但并未发现企业缺陷具有危害性,即企业缺陷未表现出致病作用。

③“外部效应”期

企业通过自身检测手段或顾客通过亲身体验后发现企业缺陷的存在并表现出一定的危害性,企业的运营状况受到影响,但企业缺陷的危害性较为分散而无法认定为系统性事故,大多数企业可以通过控制过程能力或赔偿顾客来消除企业缺陷带来的危害。企业管理缺陷的成本要远远大于忽略它们的机会成本,产生对企业有利的“外部效应”,因此企业倾向于事后处理。在此阶段,仅在营销系统显现出不明显的疾病症状，其他系统均正常，企业的健康状态虽有波动，但总的趋势是可控制的并逐渐好转以至恢复健康。

④爆发期

企业缺陷的危害能通过产出传播到企业细胞、其他企业生命体或顾客等易感群落，数量众多且严重程度提高，并且由于顾客的合理“报复性”导致企业生命体出现疾病现象。由于顾客的报复行为，企业生命体的大量系统出现疾病症状。例如，高层管理机构失去对市场的准确判断能力，信息和文书档案系统的信息传递混乱，财务系统流通受阻，营销系统合成企业生命物质和吸收营养能力变弱，危机管理与预警系统功能失灵，固定资产和人力资源系统受损等，企业整体处于不健康状态并呈恶化趋势。

⑤恢复期

由于企业内外部共同采取的干预手段使企业缺陷的危害逐渐消散，企业生命体各个系统的能力降低。例如，企业高层管理者规模撤换，企业可供使用的固定资产和员工减少，生产规模缩减，市场份额减少，企业资产减少，企业现金减少等，企业仅恢复至较低层次的健康状态。

4. 企业缺陷管理的新需求

“大质量”管理强调企业整体经营绩效的卓越，那么，企业缺陷管理也应该用企业的整体绩效来衡量，而生命型企业具有生命特征，其整体绩效就是企业的健康水平。绩效优异的生命型企业便是拥有高健康水平的生命组织。因此，企业缺陷管理应该关注企业生命体健康水平的提升。由于企业被认为是一种特殊的生命体，企业缺陷被认为是一种导致企业生命体产生不健康状态的疾病，就必然会涉及疾病和健康问题。而企业管理者应像医生一样，依据“有病治病、无病养生”的理念对企业生命体实施管理。可以结合中西医学原理的特点，以生命的各种特征为模型对象来研究和认识企业及其环境的各种现象，并确保企业生命体各个系统的协调运转和整体的健康发展。

3.1.2 基于医学思维的企业缺陷管理内涵的界定

基于医学思维的企业缺陷管理（简称为“DMMT”，下同）是一套借鉴医学思维的管理理念和企业缺陷管理工具的集合，它把保持企业健康运行过程中现存的或潜伏的偏差因素称为“企业缺陷”。通过逐个诊断、治疗和预防这些“缺陷”，使得企业的改进方向与改进策略明确化，从而帮助企业更有效地实现长期健康发展的目标，如图 3.1 所示。

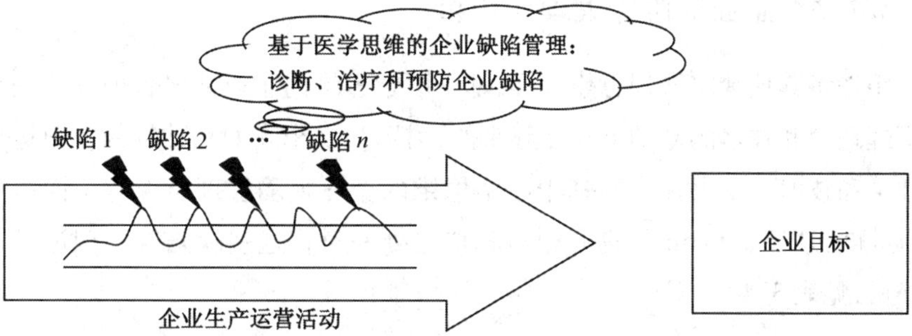

图 3.1 DMMT 是诊断、治疗和预防企业缺陷的管理理念和原则

本书从理论核心层,管理技术层和支撑环境层三个层次理解基于医学思维的企业缺陷管理的概念。

1. 理论核心层

基于医学思维的企业缺陷管理的企业目标、衡量标准、“企业缺陷”概念、管理准则等。

2. 管理技术层

基于医学思维的企业缺陷管理将现有的缺陷管理技术、统计工具继承下来,应用于企业生产运营整个过程,以有效地诊断、治疗并预防企业缺陷。

3. 支撑环境层

企业软/硬件与企业缺陷的信息传递机制相结合是基于医学思维的企业缺陷管理实现的支撑环境。

基于医学思维的企业缺陷管理的概念层次如图 3.2 所示。

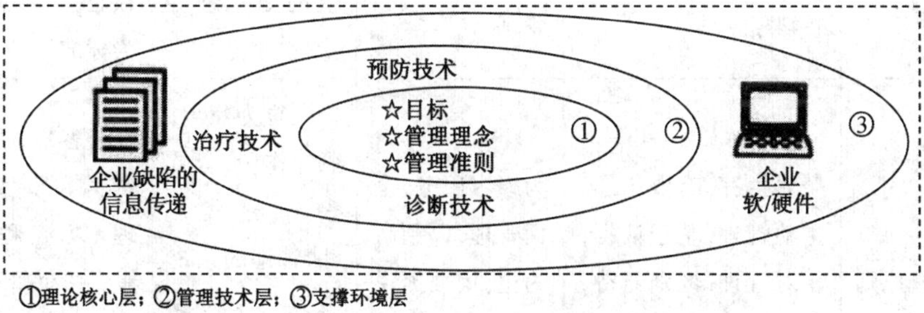

图 3.2 基于医学思维的企业缺陷管理的概念层次结构图

3.1.3 企业缺陷管理理论辨析

跟许多其他缺陷管理思想一样,基于医学思维的企业缺陷管理理论是在现有管理理论和技术的基础上建立起来的,力图从一个新的和独特的视角运用这些理论和技术。本书提出的基于医学思维的企业缺陷管理与现有全面质量管理、标准管理体系和6σ 管理有很多相似之处并对将这些缺陷管理理论进行比较分析,见表3.4。

表3.4 基于医学思维的企业缺陷管理理论与其他管理理论的比较

比较项目	本书理论	全面质量管理	标准管理体系	6σ 管理
主要目标	提高缺陷管理水平,改善顾客满意度,追求最佳经营状态	提高缺陷管理水平,改善顾客满意度	提高缺陷管理水平,改善顾客满意度	零缺陷
出发点	企业生存	缺陷的产生	标准	追求完美
管理理念	顾客满意、自我承受能力	顾客满意	维持缺陷标准现状	顾客需求,更低成本
主要概念	企业健康,疾病,缺陷	过程	标准	6σ
改进模式	持续渐进式与激进式并存	持续、渐进式	激进式	激进式
主要战略	以企业生存为基础,按照客户需求消除企业行为的偏差,全要素进行缺陷管理	强调满足内部与外部顾客,全要素参与缺陷管理	以标准为中心,使实际企业缺陷水平与标准值的偏差量尽量少	一次做对,质量即符合要求,预防为质量系统核心,“零缺陷”为标准
管理原则	企业生存,有效沟通,主动管理,基于证据,相对管理,区别对待,标准化,全要素参与,个性化	为顾客服务,全面管理,以预防为主,用数据说话,持续改进,向员工授权	以顾客为焦点,领导作用,全员参与,过程方法,管理的系统方法,持续改进,基于事实决策,互利的方关系	关心客户,根据资料和事实管理,以流程为重,主动管理,协力合作,追求完美,但容忍失败

表 3.4(续)

比较项目	本书理论	全面质量管理	标准管理体系	6σ管理
主要技术	信息技术,标准化技术,统计技术,流程图,逻辑推理	流程图,标杆瞄准,测量技术,统计技术	标准化技术	6σ,LP,CMM/CMMI
对人的要求	全局观,创造性,实事求是	强化缺陷意识以及高度的责任感	忽视人的能动性	完美主义者以及高度的责任感
管理活动	信息传递、诊断、治疗、预防	PDCA	PDCA	DMAIC
研究范围	企业内部、外部	企业内部	企业内部	企业内部
管理结果	企业能适应市场,提高经营绩效并实现自身价值	企业有全面管理缺陷的能力	企业有进入市场的资格,激励其继续提升	全方位提高企业经营绩效

3.2　医学思维的管理本质分析

3.2.1　医学思维

医学思维是在医学实践与临床医疗以及医学研究中,通过医护人员的感觉、知觉和表象等,在就医者疾病与健康的感性认识基础上,通过医护人员思考、概括地反映的理性认识,是医护人员根据患者的疾病表现出来的直观感性材料(包括症状、体征及各项检查资料),运用其专业知识的实践经验,按照思维规律辩证地判断、推论疾病本质和设计治疗方案的思维过程。

以医学思维构筑医学理论是指以医药理论与实践经验为主体,研究人类生命活动中健康与疾病转化规律及其预防、诊断、治疗、康复和保健的综合性科学,内容大体分为三部分。

1. 基础医学

基础医学包括研究人体结构和生命活动规律的学科、研究疾病的发生、发展过程及其原理的学科和研究治疗原理和方法的学科。

2. 临床医学

临床医学研究疾病的临床表现及其病因、病理，对病人实施诊断和治疗。

3. 预防医学

预防医学研究防治病害、改善和创造有利于健康的环境条件、讲究卫生、增强体质、防御疾病、延长寿命的规律和方法。

3.2.2 医学思维的管理哲理分析

1. 普遍医学思维的管理哲理

(1)对待疾病的思维

现代医学认为机体与环境相适应就是健康；自然科学的观点认为健康是一定层次和范围内的有序、协调和适度稳态，而疾病就是一定层次和范围内的失序、失调和失稳；哲学的观点是机体与环境相互适应与内外平衡就是健康，反之就是疾病。但各领域均认为，针对疾病的任何医疗行为都是建立在保护患者生命权的基础上，以患者更好的生存为最终目标，任何医疗行为均以服务病患为目的。由此可得出的管理哲理为以更好的生存状态为最终目标。

(2)对待人体状态的思维

医学将人的状态分为健康、不健康两种基本状态，对两种状态采取不同的管理方式和态度。由此可得出的管理哲理为区别对待健康和不健康状态。

(3)医患关系的思维

医患关系是医务人员与病人在医疗过程中产生的特定医治关系，是医疗人际关系中的关键。医患关系在医疗过程中以病人的诊治利益为准则，强调疾病信息在病患和医生之间的交流与沟通，对医疗效果起着重要的作用。医患关系有三种基本模式。

①主动－被动型

医生完全主动，病患完全被动，疾病被强制进行诊断和治疗。

②引导－合作型

医生与病人都具有处理疾病的积极性。病患主动提供疾病信息寻求疾病解释，并有权质疑医生的诊治方案。

③共同参与型

医生与病患均主动参与医疗过程中。治疗方案常常涉及病患习惯调整等需要病患发挥主观能动性的环节，没有病患的积极参与和配合，不可能完成治疗方案。由此可得出的管理哲理为基于病患特征的沟通。

(4)相对性管理

医学对人体疾病的诊治强调相对性。例如优先诊治危重的疾病,优先诊治可治愈的疾病,优先考虑需要紧急手术的疾病,优先诊治病程变化快的疾病,优先诊治具有传染性的疾病。由此可得出的管理哲理为按重要程度顺序解决问题。

2. 中医学的管理哲理

中医学的三大医学思想是指生态大系统医学思想、个体化医学思想和未病医学思想,是中医学独具特色、集中代表东方思维和智慧的医学思想。

(1)生态大系统医学思想

生态大系统医学思想是指看待疾病的时空观,就是把患在同一个人身上的若干种疾病联系起来看待,把疾病和所患疾病之人联系起来看待,把病人与所处的环境(自然环境、人文环境、生活环境等)联系起来看待。由此可得出的管理哲理为,系统、整体地看待问题。

(2)个体化医学思想。

个体化是医学的最高境界,尤其救治急危重症时,非"化"不足以救危急,非做到"化"的地步,难以挽倾颓于一刻,毕其功于一役。个体化医学思想就是分析和治疗疾病的"求异观",强调的是辩证论治的个性化。由此可得出的管理哲理为个性化解决方案。

(3)未病医学思想

"不治已病治未病"是早在《黄帝内经》中就提出来的防病养生谋略,采取一定的措施防止疾病产生和发展的治疗原则,包括未病先防和既病防变两个方面。治未病包含三种意义:

①防病于未然,强调摄生,预防疾病的发生;

②既病之后防其传变,强调早期诊断和早期治疗,及时控制疾病的发展演变;

③预后防止疾病的复发及治愈后遗症。

由此可得出的管理哲理为:预防为主。

3. 西医学的管理哲理

(1)循证医学思维

加拿大医学家、循证医学先驱大卫萨基特(David Sackett)将循证医学定义为"慎重、准确、合理地以当前的最佳临床依据来采取治疗措施",强调应当根据医生的临床实践、研究证据、患者需求三者之间的完美结合做出治疗决策。循证医学思维强调事实、证据及需求之间的相互关系和作用对治疗决策的影响。由此可得出的管理哲理为基于信息发现问题。

(2)西医诊断思维

西医诊断应采取还原论的思维方式,强调疾病的诊断应找到致病的原因和产生疾病的部位,具有可追溯思维。西医诊断注重人体变化的绝对值,具有定量思维。由此可得出的管理哲理为定量化诊断、可追溯诊断。

(3)西医治疗思维。

西医对疾病的治疗采用标准化模式,相同的疾病采用相同的方法和流程。由此可得出的管理哲理为标准化治理。

以上医学思维的管理哲理分析总结见表3.5。

表3.5 医学思维的管理哲理分析

类别	医学思维	管理哲理
普遍医学思维	对待疾病的思维	以更好的生存状态为最终目标
	对待人体状态的思维	区别对待健康和不健康状态
	医患关系的思维	基于病患特征的沟通
中医学思维	生态大系统医学思想	系统、整体地看待问题
	个体化医学思想	个性化解决方案
	未病医学思想	预防为主
西医学思维	循证医学思维	基于信息发现问题
	西医诊断思维	量化诊断、可追溯诊断
	西医治疗思维	标准化治理

3.3 基于医学思维的企业缺陷管理逻辑的建立

3.3.1 目标实现路径

为了实现企业长期健康的基本目标,为阻止企业缺陷致使企业进入不健康状态情况发生,基于医学思维的企业缺陷管理提出了三大步骤和一个循环机制，如图 3.3 所示。

三大步骤是指：

①判断企业是否存在缺陷以及缺陷严重程度和性质，找出企业缺陷产生的成因，即企业缺陷的诊断；

②寻求解决企业缺陷的办法，使企业的所有其他活动都服从于这种办法，即企业缺陷的治疗；

③持续实施第二步提出的治疗措施，使诊断发现的缺陷不再重复出现，即企业缺陷的预防。

图 3.3　基于医学思维的企业缺陷管理的目标实现路径图

一个循环机制是指企业缺陷信息传递机制，它是实施企业缺陷管理三大步骤的基础。它反映了企业缺陷的管理者和被管理者之间的信息交流与沟通，类似于医学思维中医患之间关于疾病的信息交流。

3.3.2　企业健康状态

企业的生命状态是从获得法人资格到失去法人资格的时间跨度。理论上，企业能够一直活下去，但实际上并没有任何企业能够长久存在。由于会发生企业应对社会环境多变性的失效、企业经营过程受阻导致企业无法顺利运转等这些类似于生命体存在的健康问题，使企业失去了作为一个经济实体的基本品质和能力，也决定了这些企业的存在只可能是一种短暂的现象。因此，与生物体类似，企业的生命状态也是有限度的。

现代医学理论认为当生命健康的三大要素——机体、心理、能力——没有问题时，则生命体就拥有真正的健康。相对于企业而言，Costanza 给出了企业健康的定义：如果企业组成的生命系统是稳定的和可持续性的，能够自我修复，那么企业就是健康的。企业健康应该由精力、组织和恢复力三个方面构成。目前学者对企业健康描述成如下状态：

①健康是企业内稳定现象；

②健康是没有疾病；

③健康是企业行为的多样性或复杂性；

④健康是企业的稳定性或可恢复性；

⑤健康是企业有活力或增长的空间；

⑥健康是企业各系统要素间的平衡。

因此，至少应该从系统恢复力、平衡能力、组织和活力这些角度来判断企业是否健康。由此可以探究，一个健康的企业应该具有新陈代谢的自我更新能力，能够让企业内部结构对发展现状构成有力支撑，能对外界环境刺激有良好反应。

企业的生命状态是一个动态的发展过程，企业在某一段时间内会保持稳定，这好比成人的各项生理指标都比较恒定，但在高速发展阶段则会企业各项指标都会产生大幅波动，这就像是青少年发育期间身高、体重及其他特征都会发生巨大变化，但是这些波动却是正常的，不但不会影响企业健康，反而会提升企业的机能。由此可见，企业的健康标准应该有两种，一种是稳态标准，另一种是发展状态的标准。生命健康与企业稳态、发展的健康标准比较如图 3.4 所示。

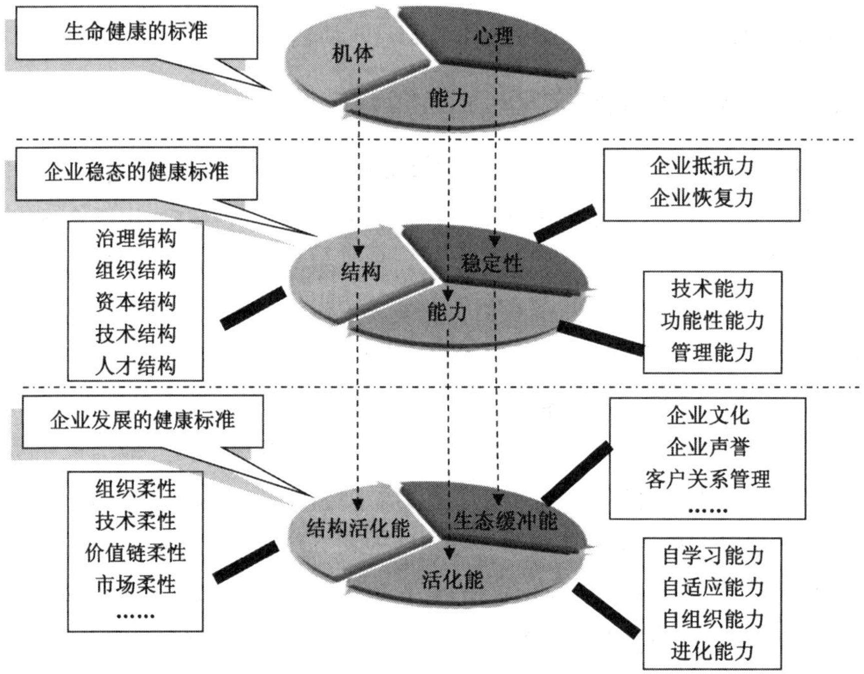

图 3.4　生命健康与企业稳态、发展的健康标准比较图

(1)企业稳态的健康结构

本书在已有研究成果的基础上提出企业处于平稳状态下时,从企业组织结构、企业能力和企业稳定性三方面来衡量企业健康与否。一个健康且具有可持续进化能力的企业必须具备合理的组织结构、良好的企业能力、强大的企业稳定性,如图3.4中部所示。

在稳定状态下,企业拥有一个完整的组织结构是保持企业健康的基本前提。企业的结构因素包括治理结构、组织结构、资本结构、技术结构、人才结构等。合理的治理结构能够有效地协调所有利益相关者的关系,减少企业内耗,使企业能够朝着统一的目标前进。合适的组织结构有利于企业的权利分配和信息沟通,优化高层管理机构与企业其他系统的联结,提高企业的运行效率。适宜的资本结构使企业的财务系统保持畅通,间接为企业提供更多的资金和利润,维持企业正常的运营和生产。得当的技术结构为企业生产出赢得消费者的产品和服务,是企业将外界物质转化为企业自有生命物质的关键环节,是企业健康的基石和保证。匹配的人才结构是企业健康的根本因素。俗语有云:"得人者昌,用人者兴,育人者远。"可见,人才是企业成败的关键。

企业能力是指企业在生产、技术、销售、管理和资金等方面力量的总和,企业能力只能来源于企业在市场竞争中的学习,例如,积累相关的知识和能力并将其嵌入到企业组织中,体现在企业的运作程序上。企业能力主要分为三种:技术能力、功能性能力(产品开发能力、生产能力、营销能力)和管理能力。

企业稳定性是指企业系统维持现有结构与格局的能力,包括企业抵抗力和企业恢复力两个方面。企业抵抗力是指企业对于干扰破坏的抵抗能力与避免能力,主要与企业生命体的危机管理与预警系统有关;企业恢复力是指企业在受到干扰破坏后迅速恢复到最初状态的能力,与企业的运营系统、危机管理与预警系统有关。

(2)企业发展的健康结构

健康发展的企业对社会经济的发展和生态环境的健康和优化起到支持推动作用。企业发展驱动着企业生命体的组成、结构及功能等特征发生演变,不断创造出供自身发展和社会需要的价值,实现其可持续性发展。但每当企业在发展过程中达到临界点的时候,就会遇到暂时的混沌。此时,企业期望突破混沌达到更高级的状态,不期望再回到其原来某状态。因此,本书沿用Jorgensen等观点,使用活化能、结构活化能和生态缓冲量来评价企业生命系统的动态健康,如图3.4底部所示。

企业结构活化能是指企业为了发展调整企业组织结构的期望和动力,包括组织柔性、技术柔性、价值链柔性和市场柔性等。

生态缓冲能是指企业在发展过程中取得企业内部和外部谅解和帮助的能力,包括企业文化、企业声誉和客户关系管理等。生态缓冲能能保持企业的长期发展,进一步提升企业的竞争力。

企业活化能是指企业在其实现自身目标的过程中,通过内外部因素交互作用而表现出的生长能力状态。它是企业发展的本质力量,是企业生存力、凝聚力、应变力、竞争力、营利力和发展力的有机合成,包括自学习能力、自适应能力、自组织能力、进化能力四项发展能力。

3.3.3 类比逻辑结构

本研究的目的是要建立基于医学思维的企业缺陷管理模式,因此需要以现有的医学内容为类比逻辑结构。首先,找出企业缺陷管理所需要研究的对象或问题;然后,从医学中找到一一对应的研究对象或问题,按医学思维对原对象或问题进行改造;最后,形成具有医学思维的管理模式。企业缺陷管理与医学管理的类比逻辑结构如图 3.5 所示。

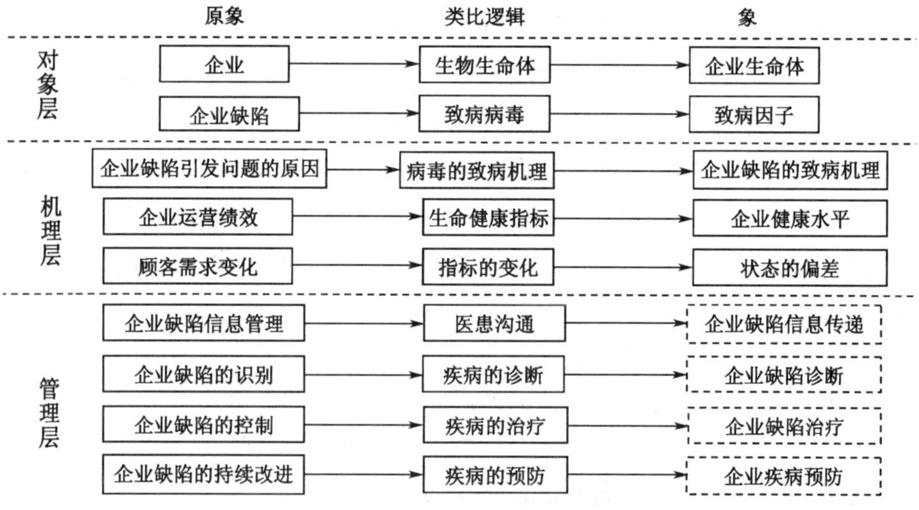

图 3.5 企业缺陷管理与医学管理的类比逻辑结构

前面章节已完成了对象层和部分机理层的医学类比（如图 3.5 中右侧实线框所示），构成了基于医学思维的企业缺陷管理的理论基础，但是仍有部分类比关系未建立（如图 3.5 中右侧虚线框所示）。例如企业缺陷的识别、治理和预防虽然已经与医学中诊断、治疗和预防一一对应，但仍未形成类比关系，需要在后续章节中加以完善，才能实现本书的研究目标。

3.4　基于医学思维的企业缺陷管理准则的建立

3.4.1　目标层管理准则

无论是全面质量管理的顾客满意理念，还是 6σ 管理的“零缺陷”理念，抑或是卓越运营绩效理念，都是为了保证企业生存并更好地生存下去。基于医学思维的企业缺陷管理将企业视为特殊的生命体，它的基本管理准则也是保证企业生命的延续。企业生存准则就是基于医学思维的企业缺陷管理的管理目标和最高准则。

除 6σ 管理的极端“零缺陷”理念外，其他管理理念都允许企业缺陷的存在。本书认为企业缺陷是企业生产经营行为的固有属性，它是客观存在的。顾客的需求是波动的，这种波动是绝对的。因此，追求顾客满意的企业缺陷管理水平只是相对稳定的，所以企业管理者必须接受企业缺陷存在这个现实，并在这种前提下追求企业健康的稳定生存和持续发展，进而利用这种生存的效益获得持续的利润。

3.4.2　机制层管理准则

1. 有效沟通准则

与医学注重医患之间的沟通相同，基于医学思维的企业缺陷管理注重企业与顾客之间的沟通。以顾客对企业缺陷的反馈作为企业缺陷管理的起点，把顾客对缺陷的期望水平作为目标，并且不断超越这种期望。企业缺陷信息作为沟通的重要载体应该贯穿于企业缺陷管理的整个过程。企业缺陷信息的传递是实现有效沟通的重要保障。有效沟通对企业缺陷管理的意义表现如下。

①有效沟通帮助企业了解顾客对缺陷的满意程度。对企业来说，了解顾客对待缺陷的期望是非常重要的。只有这样，企业管理者才可以利用顾客的期望

管理企业缺陷,产生企业缺陷管理的具体要求。

②有效沟通使顾客准确理解企业缺陷管理的决策过程和意义,化解缺陷管理过程引起的矛盾。

③有效的沟通有利于提高企业缺陷管理的效率,激励员工,形成健康、积极的企业文化。

2. 顾客满意准则

企业缺陷管理的根本目的在于为顾客做贡献,通过帮助顾客价值的实现而获得成功。基于医学思维的企业缺陷管理思想认为,顾客是个相对概念,凡接收上道工序的产品的下道工序,就是上道工序的顾客。在企业外部,消费者、社会、环境等服务对象是企业的顾客;在组织内部,下一道工序就是上道工序的顾客。"过程输出承接对象都是顾客"和"顾客满意"是基于医学思维的企业缺陷管理的基本准则。

3. 全要素参与准则

影响企业缺陷产生的因素是复杂、多变的,涉及人和物。它们之间的相互作用决定着企业的最终生存状态。企业缺陷管理不能孤立地解决企业的个别环节上的缺陷,"头痛医头,脚痛医脚"的企业缺陷管理理念无法实现企业长期健康。

4. 标准化管理准则

对企业缺陷的信息传递、诊断、治疗和预防过程进行规范化、科学化、系统化和法制化。尤其是对于预防过程要建立标准化预防体系,使企业缺陷管理水平保持稳定并具备持续改进特性。

3.4.3 操作层管理准则

1. 主动管理准则

主动管理是指在缺陷发生之前,预测顾客需求的变化方向和企业缺陷的发展趋势,提前采取前瞻性、预防性的控制、纠偏措施,保证企业生产经营朝设定的目标前进。预防为主是指企业缺陷管理应对企业存在的缺陷进行预防工作,把缺陷消灭在顾客发现之前,使每一道工序都处于控制状态,尽可能保证企业处于健康状态。

2. 基于证据准则

基于医学思维的企业缺陷管理要求企业寻找和获取最佳的缺陷证据,既考虑顾客对缺陷的反馈,又要结合企业专业知识包括缺陷发生和演变,处理缺陷的数据信息资料并找出规律，对企业存在的缺陷做出正确的诊断，采取正确的治疗措施。

3. 区别对待准则

企业会处于健康和不健康两种状态，针对不同的状态企业缺陷管理应该采取不同的措施，例如顾客已经发现的缺陷要及时进行诊断和治疗，对于未发现的企业缺陷则采取预防措施尽量避免。

4. 相对管理准则

针对企业缺陷的不同状态和程度，结合企业生存的能力采取不同的治疗措施，对需要治疗的缺陷进行优先级排序，优先处理紧急的、发展快、危害程度深、危害范围广的企业缺陷。按照企业自身能力的大小分别采取自我治疗、外引治疗和强制治疗三种治疗方式。

3.5　基于医学思维的企业缺陷管理模式构建

模式是指某种事物的结构特征与存在形式。管理模式是从结构上讲，是管理方法思路性的、框架性的高度概括。本书将管理模式定义为从特定的管理理念出发，在管理过程中固化下来的一套操作系统，用公式表述为

管理模式 = 管理理念 + 系统结构 + 操作方法

即

$$MS = f(i) + f(o) + f(s)$$

式中　MS——管理模式；

i——管理理念；

o——管理框架；

s——操作方法。

3.5.1　总体思路

基于医学思维的企业缺陷管理模式遵循保证企业生命体更好地生存（即卓越运营绩效）、最大化实现企业生命体的价值（尽可能满足客户需求）两项管理理念，以企业生存、有效沟通、顾客满意、主动管理、基于证据、区别对待、相对管理、全要素参与和标准化管理为管理准则，以信息传递为基础，依靠诊断、治疗和预防三大核心操作方法实现企业缺陷管理所设定的目标。

3.5.2 基于医学思维的企业缺陷管理框架

按照现代医学的思维模式，基于医学思维的企业缺陷管理框架应包含诊断、治疗和预防三大核心步骤和企业缺陷的信息传递机制。根据已有的模型成果，以系统分析思维方法，设计基于医学思维的企业缺陷管理框架模型，如图3.6所示。

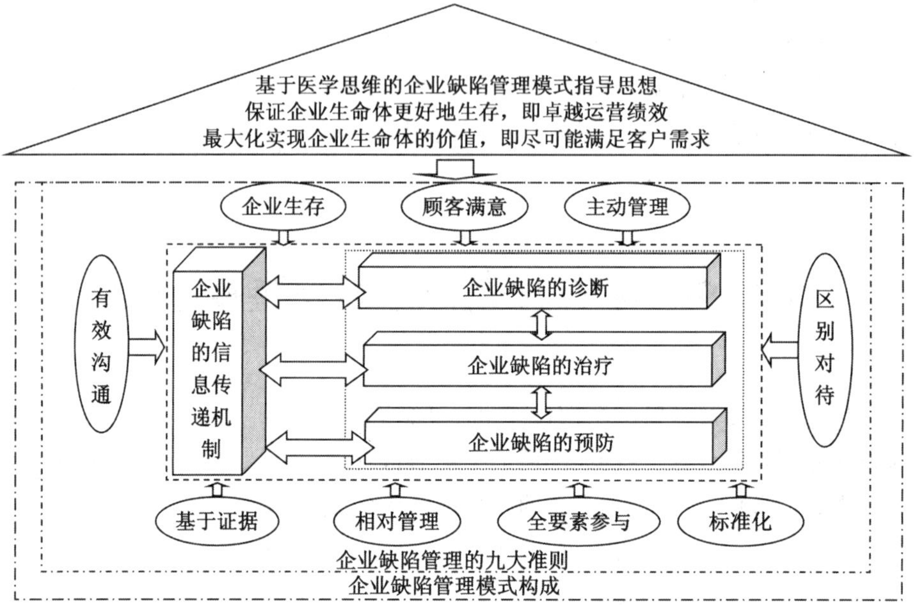

图3.6 基于医学思维的企业缺陷管理模式框架模型图

企业缺陷的信息传递是企业缺陷管理活动的基础，主要研究企业缺陷信息传递的要求、模式以及保障信息传递的机制。

企业缺陷的诊断主要研究如何通过顾客对企业缺陷的反馈并利用相关分析工具发现和验证企业缺陷现象的本质及规律，并分析企业缺陷的产生原因，为企业缺陷的治疗提供量化的参考依据，是企业非健康状态管理的基础和前提。

企业缺陷的治疗是根据企业缺陷的诊断结果，以最大程度上减弱企业缺陷对企业的影响为目的，恢复病态企业的健康，促进企业健康发展。企业缺陷的治疗是直接对企业缺陷、企业生命体进行控制的过程，是企业非健康状态管理的核心步骤。

企业缺陷的预防以企业健康影响因素及其作用规律为研究对象，阐明企业缺陷与企业健康的相互关系，制定管理措施与标准，保证企业缺陷处于不影响企业生存的水平，延长企业寿命，提高企业运营绩效为目标。本书认为其主要内容应包括企业缺陷的标准化管理体系及其有效性评价两部分。

3.5.3　基于医学思维的企业缺陷管理流程

基于医学思维的企业缺陷管理模式采用全面质量管理的 PDCA 循环、开放的系统化架构。过程管理就是使用一组实践方法、技术和工具策划、控制和改进过程的效果、效率和适应性，有策划、实施、检查和改进四个部分，即 PDCA 循环四阶段，如图 3.7 所示。

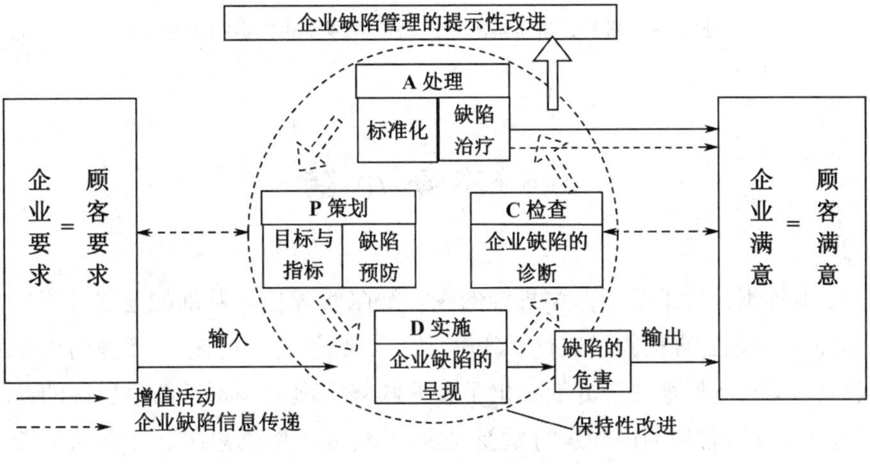

图 3.7　基于 PDCA 的企业缺陷管理流程图

基于医学思维的企业缺陷管理模式的运行过程反映了企业缺陷管理的整个过程及规律。其流程是由缺陷诊断、诊断和预防三个阶段构成的有机整体，具体包括缺陷状态判定、缺陷基因分析与确定、治疗需求确定、治疗优先级确定、选择和实施治疗方案、治疗效果监控、记录与总结、企业缺陷预防体系的构建、有效性评价等一系列环节。基于医学思维的企业缺陷管理流程如图 3.8 所示，管理的具体步骤及实现过程将会在后续章节中进行详细论述。

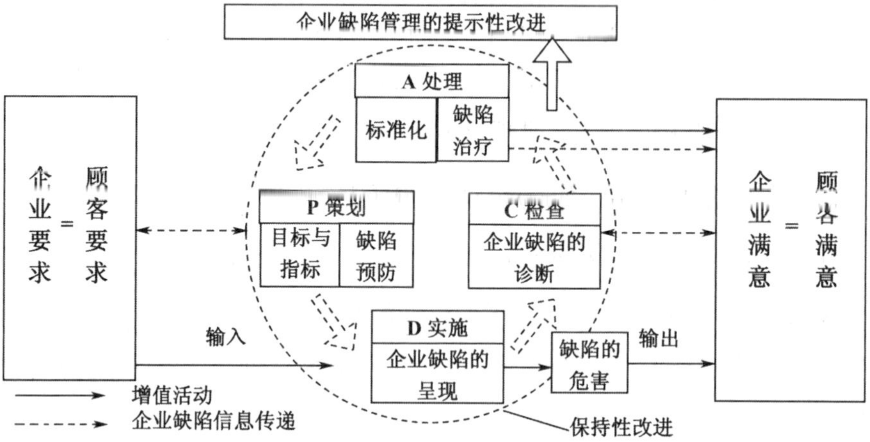

图 3.8 基于医学思维的企业缺陷管理模式的运行过程

3.6 本章小结

本章详细探讨了基于医学思维的企业缺陷管理理论基础的建立过程。第一,对企业缺陷管理的需求进行了分析,从“大质量”概念的提出、企业仿生化和企业缺陷的类比特征三个方面提出了企业缺陷管理应该基于医学思维的新需求,对企业缺陷管理的内涵进行重新界定,并将基于医学思维的企业缺陷管理理论与现有的其他理论进行比较分析;第二,对医学思维的管理本质进行了分析,从普通医学思维、中医学思维和西医学思维提炼出医学思维的管理哲理,为基于医学思维的企业缺陷管理理论基础的建立提供管理理念的指导;第三,建立了基于医学思维的企业缺陷管理逻辑,包括达到目标的路径、关键概念和类比逻辑三个方面;第四,根据医学思维的管理理念建立了基于医学思维的企业缺陷管理准则,具体包括企业生存、有效沟通、顾客满意、主动管理、基于证据、区别对待、相对管理、全要素参与和标准化九项准则,为企业缺陷管理指明了目标和方向;第五,建立了基于医学思维的企业缺陷管理模式,包括模式构建的总体思路、管理架构及管理流程三个方面,为基于医学思维的企业缺陷管理活动的开展奠定了理论基础。

第 4 章　企业缺陷的信息传递机制研究

从统计数字和现状分析看,我国企业在生产和流通环节中依然存在非常严重的企业缺陷问题。本书提出真实机制和信任机制确保企业缺陷信息从生产到流通的全过程中均处于严格的监管程序之下,从而有助于解决企业缺陷管理问题。本章重点讨论企业缺陷信息的真实性、顾客对信息的信任程度两个方面。通过构建企业缺陷管理信息化平台,保证企业缺陷信息的真实性,运用信息传递博弈分析市场中存在的顾客对企业缺陷管理需求的不断增加与生产、流通主体不注重企业缺陷管理投入之间的矛盾,并提出企业应过认证制度构建企业缺陷信息传递信任机制,为基于医学思维的企业缺陷管理模式提供理论上的基础和依据。

4.1　企业缺陷信息传递的内涵

信息传递原指人们通过声音、文字或图像相互沟通消息的意思。本书将“企业缺陷信息传递”定义为与企业缺陷的相关信息通过载体在企业和顾客之间的相互传送过程。

4.1.1　企业缺陷信息及其特点

在哲学层面上,信息被明确定义为:信息是反映某一事物运动的状态和方式在其他事物运动状态和方式上的反应。在认识论层面上,信息则被定义为:信息是认识所感知的或者所表述的事物运动的状态、方式和意义。

为了保证企业信息的安全,同时又能保证顾客对信息的需求,市场形成了以商业契约或社会契约为基础,由顾客规定项目及标准,由企业提供详细内容,并将其发布在利益相关方均能获取到的,独立于企业的外部的特定信息载体上的与企业缺陷相关的信息，本书称之为“企业缺陷信息”。企业缺陷信息是在企业缺陷形成的全过程中发生的与企业缺陷有关的信息，反映出企业缺陷各个相关环节的基本数据、原始记录以及产品使用过程中反映处理的各种情报资料。企业缺陷信息是指企业根据自身或第三方对企业缺陷的检测结果而向市场发出的缺陷信息，包括一切与质量、环境、安全生产、员工健康以及企业社会责任有关的信息。企业缺陷信息会影响到顾客对企业缺陷的认知，进而影响到顾客的决策。

企业缺陷信息具有以下特点。

1. 真实性

由于企业缺陷信息反映企业缺陷的本质及其内在联系，所以真实性是企业缺陷信息的基本特征。

2. 可识别性

企业缺陷信息通常是形式结构化的信息，企业自身及顾客能够通过一定的途径获取此类信息。

3. 时效性

企业缺陷信息在一定时间范围内具有效力，企业缺陷信息会随着时间的变化逐渐失去参考价值。

4. 可传递性

企业缺陷信息可借助一定的载体进行传递，使人们感知并接受。其传递过程包括三个因素，即传递者、接受者和传递途径。传递者是指诊断信息的来源，它是信息传递过程的起点；传递途径是指诊断信息传递的通道，它是信息传递的途径过程；接受者是指诊断信息传递的归宿，包括接受信息和利用信息，是信息传递过程的终点。

5. 价值性

接受者通过对诊断信息进行加工、整理、概括、归纳，会形成对诊断信息的价值感知。

6. 不完全性

由于接受者的精力、资源以及测试手段具有局限性，对企业缺陷信息的利用不可避免有主观因素的存在，会对企业缺陷信息的认知会存在遗漏和偏见，这是企业缺陷存在的重要基础。

4.1.2 企业缺陷信息传递相关因素及功能分析

影响企业缺陷信息传递的因素有传递者、接受者和传递途径。传递者影响了被传递的企业缺陷信息的内容和信息量,接受者的认知能力等因素影响了使用信息的条件,传递途径影响了企业缺陷信息作用的适时性。

企业缺陷信息本身的内容是其产生效果的基础。信息内容是依照一定外在形式表现出来的,信息量则是信息内容的一种测度。信息接受者的认识能力和使用条件构成了信息的针对性,与信息作用的效果有很大关系,主要原因在于:首先,不同信息接受者的认知能力本身与发挥具有差异性,接受同样的信息时,实际得到的信息内容是不相同的,也就是说这些信息对于不同信息接受者消除头脑中对事物认识的不确定性程度是不一样的;其次,即使不同信息接受者关于某一信息所得到内容和信息量是相同的,但是由于所处的社会地位、受教育程度、拥有的资源条件、使用信息的急迫性等主观愿望不同,不同信息接受者对这一信息实际使用的部分是不相同的,作用效果也就不同。从这一观点看,信息的传递过程可分以下阶段:

①原始信息阶段,即在接受者获得信息之前的原始信息内容和信息量;

②实得信息阶段,即除去信息传递耗损后接受者获得信息的真实信息量的过程;

③实用信息阶段,即接受者吸收所获得信息而改变原有认知的过程。人们对某一事物运动状态及其方式的认知能力成为认知心理结构,可以看出,信息传递作用的基本功能在于改变人的认知心理结果,信息传递的适时性是指信息在适当的时机作用于对象才能产生效果。

大量研究证明,企业缺陷的形成是由于缺陷信息失真和信息不对称造成的,这种现象的结果造成了顾客对企业缺陷信息的认知障碍,即不信任缺陷信息。因此,本书在后续章节中将从企业缺陷信息的真实性、顾客对信息的信任两个角度对企业缺陷的信息传递进行研究,帮助企业建立有利于企业缺陷管理的信息传递机制。

4.2 企业缺陷信息的真实机制设计

4.2.1 企业缺陷信息的真实性要求

本书借鉴会计信息的真实性概念来解释企业缺陷信息的真实性概念和要求。企业传递的缺陷信息的真实性保证顾客的决策准确、可受益的基本要求。企业缺陷信息的真实性要求企业应依据企业缺陷或者管理事项实际进行确认、记录、吸收与报告,如实反映与企业缺陷相关的信息,保证企业缺陷信息真实可靠、内容完整。企业缺陷信息会在很大程度上影响顾客的决策,必须以真实为基础。如果企业提供的缺陷信息不真实,形成信息不对称,就会给顾客的决策产生误导并造成损失。

为了保证企业缺陷信息的真实性要求,企业应当做到:

①以实际发生的企业缺陷或者管理事项为依据进行确认、计量,将符合顾客要求的信息真实地发布在适当的载体上,供顾客使用;

②在符合法律法规要求和成本效益原则的前提下,企业应保证企业缺陷信息的完整性,与顾客决策相关的有用信息都应当充分披露。

从管理信息系统的发展趋势来看,建立全面完善的企业缺陷信息管理信息化平台是保证企业缺陷信息的真实性最有力、最可行的方案。

4.2.2 企业缺陷信息的真实性现状

要实现企业缺陷信息真实、可靠,必须依靠企业缺陷信息管理平台作为支撑。近年来,我国企业已经在信息管理软、硬件和人员培训方面投入了大量的资源。企业层面的信息系统建设取得了长足的进步,企业缺陷信息的真实性得到了较大的改善。但与国外发达国家相比,我国企业在企业缺陷信息的真实性方面还存在明显不足,主要表现在以下方面。

1. 企业缺陷信息的获取方面

由于政府尚未建立起真正意义上的企业缺陷信息管理系统,企业缺陷信息管理系统相对封闭,获取企业缺陷信息的成本和难度较大,导致顾客无法获取完整的企业缺陷信息,被动地造成信息失真。

2. 企业缺陷信息的传递方面

目前,我国企业内部的缺陷信息缺乏有效地传递,主要表现为企业缺陷管理部门与其他业务部门之间缺乏信息传递,导致不同顾客对相同信息的多次传递和获取,不仅造成缺陷信息冗余不易辨识,还浪费大量资源用于缺陷信息的维护工作。此外,我国政府关于企业缺陷信息披露的立法相对滞后,再加之企业所固有的"家丑不可外扬"的传统思想影响了我国企业缺陷信息的真实性。

3. 企业缺陷信息管理系统建设方面

我国大部分企业的缺陷信息管理系统均为自主开发,大多使用较为低级的软件或数据库建立的临时管理系统,信息质量和分析功能较弱,无法适应企业业务的快速变化。而且信息管理的层面也不一致,企业缺陷信息管理系统与其他信息管理系统的整合性欠佳,未来将付出昂贵的代价去维护,升级和整合这些缺陷管理信息系统。

4.2.3　基于管理信息化平台的企业缺陷信息传递真实机制

1. 我国企业缺陷管理信息化平台现状

目前,我国企业在企业缺陷管理领域建立了以下管理信息系统。

在质量管理方面,大多数企业建立了覆盖质量信息采集与管理、质量过程控制和质量分析与决策三大管理信息系统,形成了较为完善的质量管理信息化平台,企业缺陷管理信息传能够依托质量管理信息系统进行全方位辐射。

在职业健康方面,我国大部分企业均未建立起具有实践意义的健全的职业健康信息跟踪制度,而且职业健康信息的管理工作主要依靠人工完成。少数企业建立了体检信息管理和查询系统,但是系统的功能单一且兼容性差,不能和其他管理信息系统相联结。

在安全方面,除少数高危行业建立了企业范围内的安全信息网并部分投入使用外,其他企业很少建立安全信息管理系统。

在环境方面,我国企业大多已建立起通过网络途径发布环境相关信息的WEB 系统、环境统计系统和环境管理信息系统。

2. 企业缺陷管理信息化平台构建

(1)企业层面的信息化平台

本书认为,企业缺陷管理信息化平台应通过收集和管理 16 个关键信息流来保证企业缺陷信息的真实性,包括:企业门户信息、知识管理信息、文件档案信息、企业缺陷管理体系报告、指标管理和业绩考核信息、审计信息、遵从性管理信息、场所风险档案、物料安全管理信息、事故管理信息、健康体检信息、环境管理信息、质量监督信息、厂房设备管理信息、人员培训信息、项目管理信息。通过对现有研究及具体实践的分析和总结，企业缺陷管理信息化平台应该划分为12个信息管理子系统，即质量管理信息系统、职业健康安全管理信息系统、清洁生产管理信息系统、社会责任管理信息系统、企业缺陷通报系统、遵从性管理信息系统、事故报告跟踪和处理管理信息系统、KPI业绩考核管理信息系统、计量管理信息系统、文档管理信息系统、知识管理信息系统和信息门户，并将这12个子系统归并入相关信息平台、基于数据仓库的应用、企业缺陷管理业务平台和ERP及其扩展模块等四种分类，如图4.1所示。

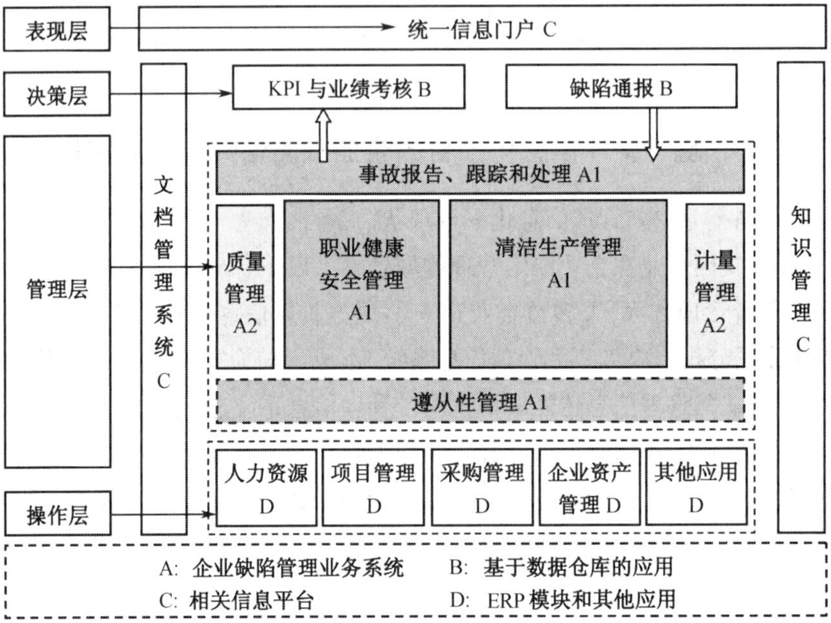

图4.1 企业层面的企业缺陷管理信息化平台图

(2)超企业层面的信息化平台

在超企业层面，目前环境信息管理系统发展和建设较为成熟。因此，本书以现有的环境信息管理系统为基础进行拓展。超企业层面的信息化管理平台应具有企业缺陷规划发布功能、企业缺陷监控功能、企业缺陷影响评价功能、企业缺陷认证管理功能、企业缺陷投诉管理功能、企业缺陷突发事故管理功能、企业缺陷惩罚和治理补助资金管理功能和企业缺陷信息查询功能八个功能模块，如图4.2所示。

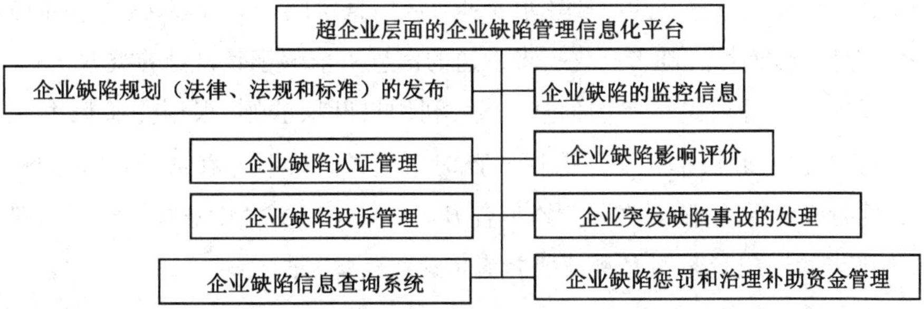

图4.2　超企业层面的企业缺陷管理信息化平台

4.3　企业缺陷信息的信任机制设计

尽管法律标准问题、政府监管问题、产业化和产品流通体制等问题会影响到企业缺陷管理。但从企业和顾客的微观视角看，双方之间的信息不对称是造成企业缺陷存在的直接原因。正是由于企业和顾客之间存在信息不对称现象，才导致市场失灵，实施缺陷管理的企业无法获得缺陷管理成本的相关回报，甚至出现缺陷企业的产品充斥市场，对顾客、环境和社会造成利益损害。信息传递博弈能够从市场微观视角解释企业缺陷管理中潜藏的利益驱动机制，同时为企业缺陷管理奠定微观理论基础。

4.3.1　信息传递博弈的基本理论

自斯宾塞建立了基于信息传递博弈的劳动力市场模型后，作为不完全信息动态博弈的信息传递博弈被广泛运用到了各个领域。在信息传递博弈中存在先行者和追随者两种参与者。先行者会在追随者前行动，并将行动相关的信息传递给追随者；追随者能够接受先行者传递的信息推测先行者行动策略，随后做出反应。

信息传递博弈的具体步骤为：

①选择先行者类型 $d_n \in D$，其中 D 为先行者的类型集合，$D = \{d_1, d_2, \cdots, d_n\}$，先行者明确自己所属类型 d_n，追随者只对类型 d_n 推断，即先验概率 $p_n = p$

(d_n)，且有 $\sum P_n = 1$；

②先行者知道自己的所属类型 d_n 后，从信息空间 $S = \{s_1, s_2, \cdots, s_j\}$ 中选择一个信息 s_j 传递给追随者。先行者发送的信息 s_j 依赖于其自身的类型 d_n；

③追随者得到先行者的信息 s_j 后，利用贝叶斯法则，根据先验概率 $p_n = p(d_n)$ 计算出后验概率 $\bar{p}_n = p(d_n | s_j)$，此时追随者仍然不知道先行者的类型 d_n，得到后验概率后，追随者在其策略集合 $B = \{b_1, b_2, \cdots, b_i\}$ 中选择一个反应策略 b_i，追随者的反应策略 b_i 依赖于先行者传递的信息 s_j；

④衡量博弈各方收益 $f_1(d_n, s_j, b_i)$，$f_2(d_n, s_j, b_i)$。

4.3.2 企业缺陷的信息传递博弈模型

1. 模型假设

为了使企业缺陷的信息传递过程满足博弈模型要求，本书做出如下假设。

①假设参与博弈的双方为企业和顾客，博弈双方均为理性人。

②假设企业与顾客的行动顺序满足动态博弈要求，即企业产生缺陷在前，顾客发现缺陷在后。即便企业一直在进行生产，顾客也可以通过多种渠道获得企业缺陷的相关信息，但大多数顾客在经历企业缺陷的危害前对企业缺陷的认识非常有限。

③假设企业知晓自身缺陷程度的完全信息，而顾客获得企业缺陷信息不完全，即企业缺陷信息不对称。这一假设基本符合企业缺陷的生产和流通现状。依据标准制度、法律法规和检测技术的使用，企业往往对自身缺陷的认识更为清晰。但实际上企业无法了解自身所有缺陷，因为企业运行中相互作用的过程复杂或存在上游企业缺陷的引入。

④假设先行者有无缺陷企业和有缺陷企业两种类型，即 $D = \{d_1, d_2\}$，提供完全同质的产品或服务；每个先行者有两种对应类型的信息传递选择，即 $S = \{s_1, s_2\}$；追随者有买与不买两种类型的行动策略，即 $B = \{b_1, b_2\}$。企业为缺陷信息发送者，顾客为缺陷信息接收者，消费者以高价购买无缺陷企业的产品与以低价购买有缺陷企业的产品的效用相等，但优质优价的产品优先购买，而以高价购买有缺陷企业的产品的效用为负。

⑤使顾客对企业缺陷信息产生信任需要花费一定的信息传递成本，如获取某些缺陷管理认证，缺陷检测证明等。但企业试图通过伪造信息减少信息传递成本，伪造信息行为被发现会面临处罚。

2. 博弈过程

企业缺陷流通过程中企业和顾客的信息传递博弈过程如下：

①从类型集合 $D=\{d_1,d_2\}$ 中以概率 $P(d_1)$、$P(d_2)$ 决定生产商是无缺陷的产品还是存在缺陷的产品，且 $P(d_1)+P(d_2)=1$；[①]

②$d_n(n=1,2)$ 类型的企业在信息集合 S 中选择传递的缺陷信息，这个信息集合包括两种信息，一是自己是无缺陷的 d_1 类型企业，二是自己是有缺陷的 d_2 类型企业，无缺陷产品的价格 p_H，有缺陷产品的价格 p_L；

③顾客从企业传递出缺陷信息中修正自己的判断，得到后验概率并从行动集合 $B=\{b_1,b_2\}$ 中选择购买决策，即买还是不买；

④计算企业和顾客的收益，企业的收益函数为

$$f_1(d_1,s_j,b_i) \tag{4-1}$$

顾客的收益函数为

$$f_2(d_2,s_j,b_i) \tag{4-2}$$

⑤将信息传递成本加入支付函数，因为企业传递无缺陷信息时需要通过政府或权威的认证以增加信息的可信度，它可以表示为

$$C_n=k_n+Qg(d_n) \tag{4-3}$$

式中，k 为信息传递的固定成本，是企业为获取无缺陷认证的一次性支付，d_1 企业由于产品无缺陷所以其信息发送的固定成本要大于 d_2，即 $k_1>k_2$，g 是企业为维持企业无缺陷在单位可变投资成本，与企业类型相关，d_1 类型的企业为维持无缺陷状态需要投入更多诸如缺陷检测、处理等程序的成本，所以有 $g(d_1)>g(d_2)$，Q 为生产规模，因此有

$$f_{1n}=Q(p_n-g(d_n))-k_n \tag{4-4}$$

企业缺陷信息传递博弈模型博弈树如图 4. 3 所示。

---

① 本模型的部分观点参考了：

焦志伦. 我国城市食品封闭供应链运行模式及其政策研究[D]. 天津：南开大学，2005.

邓淑芬，吴广谋，赵林度，等. 食品供应链安全问题的信号博弈模型[J]. 物流技术，2005，(10)：135－137.

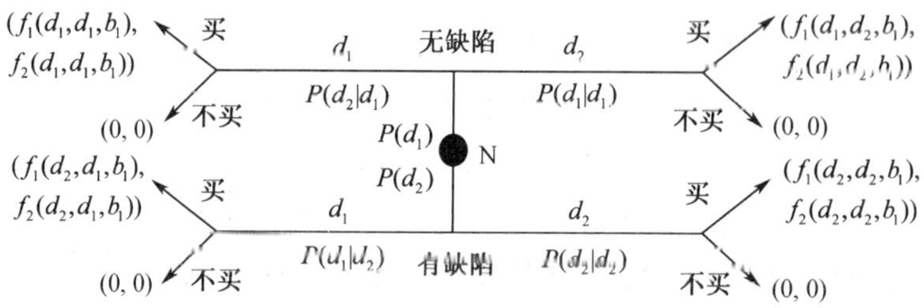

图 4.3　企业缺陷信息传递博弈模型博弈树

4.3.3　博弈均衡及其出现条件

信息传递博弈存在三种均衡，即分离均衡，混同均衡和准分离均衡。

1. 分离均衡分析

分离均衡就是指不同缺陷类型的企业传递出与之完全对应的缺陷信息，即生产无缺陷产品的企业告知顾客其类型为 d_1，生产缺陷产品的企业告知顾客其类型为 d_2，企业传递的缺陷信息完全反映了自身的真实缺陷类型，在此情形下，企业与顾客之间就产生完全分离的贝叶斯纳什均衡。

企业为理性人，其行为是受利益驱使。因此，产生分离均衡的前提是每种类型的生产商都传递真实信息的收益要大于传递虚假信息的收益。

对于 d_1 类型的企业，企业本身无缺陷，其缺陷信息传递成本为 C_1，只要顾客接受优质优价的条件，使 $Qp_H - C_1 > Qp_L - C_1$，即

$$p_H > p_L \tag{4-5}$$

式中　p_H——无缺陷产品的价格；

p_L——缺陷产品的价格；

d_1 类型便会选择传递信息 s_1，即自己是无缺陷的 d_1 类型企业。

式(4-5)表明，只要无缺陷企业的产品价格高于缺陷企业的产品价格，d_1 类型的企业就会选择传递真实信息。

对于 d_2 类型的企业，只要 $Qp_H - C_1 < Qp_L - C_2$，即

$$p_H - p_L < \frac{C_1 - C_2}{Q} \tag{4-6}$$

即当无缺陷企业的产品和缺陷企业的产品的价格差额小于产品平均认证成本，缺陷企业也会传递真实信息，表明自己是缺陷企业。

在分离均衡下,顾客可以根据缺陷信息准确的判断企业缺陷存在与否,即

$$P(d_n|d_m)=\begin{cases}0, & d_n\neq d_m\\ 1, & d_n=d_m\end{cases} \tag{4-7}$$

顾客判断企业传递信息所反映的类型与真实类型相符的条件概率等于1。给定企业的策略和顾客的判断,顾客在分离均衡条件下的策略为:顾客以概率1接受高价格 p_H,购买无缺陷企业的产品,以概率1接受 p_L 低价购买缺陷企业的产品。在分离均衡的完美贝叶斯纳什均衡点,市场交易成本极低,顾客可以轻易判断市场上的企业缺陷程度以获取最大效用。

2. 混同均衡分析

混同均衡是指无论企业的缺陷类型是 d_1 还是 d_2,两种类型的企业都声明自己为无缺陷类型 d_1 的企业。企业发送虚假信息是因为信息类型为 s_1 时带来的收益大于信息类型为 s_2 时的收益。

对于无缺陷的 d_1 型企业,只需满足不等式(4-5)便会传递自己是无缺陷企业的信息 s_1。对于存在缺陷的 d_2 型企业,一旦式(4-6)无法满足,即

$$p_H-p_L>\frac{C_1-C_2}{Q} \tag{4-8}$$

d_2 型企业就会发送虚假信息,即声称自己也是无缺陷企业,这样市场上无论哪种类型的企业均会传递自己是无缺陷 d_1 型企业的信息 s_1。

此时,顾客无法利用缺陷信息修正先验概率,则会进做出如下推断,即

$$P(d_1|s_1)=P(d_1),P(d_2|s_1)=P(d_2) \tag{4-9}$$

式中,信息 s_1 表示声明自己为无缺陷企业,顾客认为市场中每个企业都发送无缺陷信息的可信度只有初始选择两种类型的概率水平,利用信息修正先验概率的效果失效。

给定企业的声明和顾客的判断,混同均衡条件下顾客的理性购买策略为:当企业声明为 d_1 类型时,顾客以 $P(d_1)$ 概率接受无缺陷产品的高价格并选择购买;同时,以 $P(d_2)$ 概率选择不购买,或价格降价至缺陷产品的价格才选择购买;当企业声明为 d_2 类型时,以概率1接受低价格购买企业商品,实际上所有类型企业承认自己是缺陷企业的混同均衡并不存在。

混同均衡的出现往往是因为企业传递出有利于自己的虚假信息时,承担了较小的信息传递成本或风险成本,传递虚假信息的收益大于传递真实信息的收益。这种情况下,无缺陷企业会受到损害,容易造成“缺陷企业的产品驱逐无缺陷企业的产品”,最终导致缺陷企业的产品占据市场,企业失去缺陷管理的积

极性。

3. 准分离均衡分析

准分离均衡的表述为：无缺陷企业发出真实的 d_1 信息，而缺陷企业以概率 λ 发出虚假的 d_1 信息，以概率 $1-\lambda$ 发出真实的 d_2 信息。

对于无缺陷的 d_1 型企业，只需式(4－5)成立便会传递自己是无缺陷企业的信息 s_1。而缺陷企业以概率 λ 随机选择传递信息类型表明它在传递任意类型信息所获得的收益相等，即满足

$$p_H - p_L = \frac{C_1 - C_2}{Q} \tag{4-10}$$

依据贝叶斯法则，顾客对企业类型的推断可表示为

$$P(d_2 \mid s_1) = \frac{P(d_2)P(s_1 \mid d_2)}{P(d_1)P(s_1 \mid d_1) + P(d_2)P(s_1 \mid d_2)} = \frac{\lambda P(d_2)}{P(d_1) + \lambda P(d_2)} \tag{4-11}$$

$$P(d_1 \mid s_1) = 1 - P(d_2 \mid s_1) = \frac{P(d_1)}{P(d_1) + \lambda P(d_2)} \tag{4-12}$$

给定企业的信息传递策略和顾客的推断，顾客在准分离均衡的理性购买决策为：当企业传递信息 s_1 时，顾客购买高价格 p_H 的概率 $\frac{P(d_1)}{P(d_1) + \lambda P(d_2)}$，顾客选择不购买或降为低价格 p_L 时再购买的概率 $\frac{\lambda P(d_2)}{P(d_1) + \lambda P(d_2)}$；当企业传递信息 s_2 时，顾客完全接受低价格购买策略。

在准分离均衡条件下，无缺陷企业和缺陷企业的产品并存，并产生一定程度的逆向选择，使无缺陷企业的利益受损。

4.3.4 博弈结论的分析

本书将上述博弈结果进行了总结，企业缺陷信息传递博弈三种均衡类型的概率比较见表 4.1，顾客认可购买概率见表 4.2。

表 4.1　企业缺陷信息传递博弈三种均衡类型的概率比较

均衡类型	出现条件	无缺陷信息；顾客接受并购买	无缺陷信息；顾客不接受，不购买	缺陷信息；顾客接受并购买
分离均衡	$p_H - p_L < \frac{C_1 - C_2}{Q}$	1	0	1
混同均衡	$p_H - p_L > \frac{C_1 - C_2}{Q}$	$P(d_1)$	$P(d_2)$	1
准分离均衡	$p_H - p_L = \frac{C_1 - C_2}{Q}$	$\frac{\lambda P(d_2)}{P(d_1) + \lambda P(d_2)}$	$\frac{P(d_1)}{P(d_1) + \lambda P(d_2)}$	1

表 4.2　顾客认可购买概率列表

企业缺陷类型			先验概率	后验概率	
				发出无缺陷信息	发出缺陷信息
分离均衡	企业类型	无缺陷	$P(d_1)$	1	—
		缺陷	$P(d_2)$	—	1
混同均衡		无缺陷	$P(d_1)$	$P(d_1)$	—
		缺陷	$P(d_2)$	$P(d_1)$	1
准分离均衡		无缺陷	$P(d_1)$	$\frac{P(d_1)}{P(d_1) + \lambda P(d_2)}$	—
		缺陷	$P(d_2)$	$\frac{P(d_1)}{P(d_1) + \lambda P(d_2)}$	1

通过对表 4.1 和表 4.2 的分析，本书得出如下结论。

1. 均衡类型可以通过产品价差与缺陷信息平均传递成本的比值来确定

市场上无缺企业的缺陷企业的产品价差 $p_H - p_L$ 与缺陷信息传递平均成本之差 $(C_1 - C_2)/Q$ 的比值可以作为均衡类型的判别标准（见表 4.1 中“无缺陷信息；顾客接受并购买”列）。

2. 均衡类型决定了顾客的购买决策概率

例如，在分离均衡情形下，顾客完全信任企业缺陷信息，完全按照企业缺陷信息的类型进行购买决策。混同均衡情形下，顾客会对无缺陷信息进行甄别，以 $P(d_1)$ 的信任概率接受无缺陷信息并执行购买决策，顾客会义无反顾地选择购买缺陷企业的产品，造成"劣品驱逐良品"的现象。

由于 $P(d_1) > \dfrac{P(d_1)}{P(d_1)+\lambda P(d_2)}$，因此，顾客在准分离均衡情形下信任无缺陷信息的概率比混同均衡情形下更低，而且也会产生顾客购买缺陷企业的产品的情况。

3. 均衡类型会影响企业缺陷信息的信任程度

在分离均衡情形下，市场上企业缺陷信息的可靠程度最高，顾客可以根据企业传递的缺陷信息作出准确的判断；若市场处于混同均衡或准分离均衡，无缺陷企业产品被顾客信任的概率小于 1，无缺陷企业的部分产品反而要进行低价处理，顾客会花高价购买部分缺陷企业的产品，这会在很大程度上打击无缺陷企业的缺陷管理积极性，造成顾客信任程度下降。长此以往，必然形成"柠檬市场"，对企业缺陷管理造成不良后果。

4. 分离均衡是保证顾客信任的最佳方案，而提高企业缺陷信息传递的平均成本是实现分离均衡的有效措施

除分离均衡外，其他均衡类型均会造成企业缺陷信息的信任程度降低，实现企业缺陷信息传递的分离均衡是保障顾客信任企业缺陷信息的大势所趋。

为了实现分离均衡，必须满足 $p_H - p_L < (C_1 - C_2)/Q$，有两种方法可以实现。第一，降低无缺陷企业与缺陷企业的产品价差，即通过提升企业生产工艺技术水平，降低的生产成本和缺陷管理成本；第二，可提高无缺陷企业和缺陷企业的缺陷信息传递成本差异。

其中，k 为缺陷信息传递的固定成本，可以认为是企业为了获取无缺陷处理、检测和认证等信息需要付出的固定成本；g 是企业为避免企业缺陷而投入单位产品的可变成本，有 $k_1 > k_2$，$g(d_1) < g(d_2)$。

由于规模经济的存在，无缺陷企业和缺陷企业的成本与价格基本相仿，价差 $p_H - p_L$ 对分离均衡的实现影响有限。

影响平均缺陷信息传递成本差 $(C_1 - C_2)/Q$ 的因素包括固定缺陷信息传递投入 k 和可变缺陷信息传递投入 g。固定缺陷信息传递投入可以包括厂商的广告投资、获取无缺陷处理、检测和认证的成本等，是企业向顾客传递缺陷信息时

一次性发生的成本。而 g 包括诸如包装等低值易耗品的缺陷保障措施,与产品成本及价格密切相关因此,与价差 $p_H - p_L$ 影响有限。

$(k_1 - k_2)/Q$ 是平均固定缺陷信息传递成本差,虽然它会随着产量增加而减小。但事实上,获取无缺陷信息传递资格的固定投入会形成壁垒效应,这一结论证明了由政府强制执行或第三方认证的认证制度的合理性。企业为获取企业缺陷认证付出巨大成本,有效增加了平均固定传递信息成本差,保证了企业缺陷信息传递博弈分离均衡的实现。未获得认证的企业传递企业缺陷信息没有任何效力,这种信息效力保障机制为顾客购买提供信息决策依据。

4.3.5 基于认证制度的企业缺陷信息传递信任机制

根据前文的企业缺陷信息传递博弈分析,本书论证了企业向顾客传递真实的缺陷信息是保障顾客、环境和社会的利益不受损害的有效途径,促进企业对缺陷管理的积极性,增强市场的发展潜力。为了保证顾客对企业缺陷信息的信任程度,企业应获取政府或第三方认证机构对企业缺陷管理的认证,提高平均固定传递信息成本,保证企业缺陷信息传递博弈进入分离均衡状态。

1. 认证制度

认证是指由国家认可的认证机构证明一个组织的产品、服务、管理体系符合相关标准、技术规范(TS)或其强制性要求的合格评定活动。本书将“认证制度”的概念进行了扩展,本书认为企业缺陷认证制度是指相关权力机构授予企业具有将自身缺陷保持受控或无危害状态的能力的资格,或企业发布的缺陷信息真实、有效的证明。

由于企业缺陷可能发生在企业生产运营过程中的任一环节,仅靠一两个环节的企业缺陷认证很难实现对企业缺陷进行管理。所以要建立企业生产和流通的全过程认证体系,保证各个环节产生的缺陷信息都企业、顾客或政府的监管之下。

(1)企业缺陷认证的分类

企业缺陷认证分为产品认证和体系认证两种。在 ISO/IEC 指南将认证定义为:由可充分信任的第三方证实某一经鉴定的产品或服务符合特定标准或规范性文件活动。

①产品认证

主要是指企业缺陷实体的认证。根据 1991 年实施的《中华人民共和国产品质量认证管理条例》,产品认证是依据产品标准和相应技术要求,经认证机构确认并通过颁发认证证书和认证标志来证明某一产品符合相应标准和相应技术要求的活动。ISO 的定义是:由可以充分信任的第三方证实某一产品或服务符合特定标准或其他技术规范的活动。按照认证的强制性程度,可以将产品认证分为强制认证和自愿认证两种。国家法律规定对有关人身安全、健康和其他法律法规有特殊规定者必须执行强制性认证。其他产品实行自愿认证制度。按照标准要求的严格程度,可以产品认证分为安全认证和合格认证。

a. 安全认证

凡根据安全标准进行认证或只对商品标准中有关安全的项目进行认证的,称为安全认证。它是对商品在生产、储运、使用过程中是否具备保证人身安全与避免环境遭受危害等基本性能的认证,属于强制性认证。实行安全认证的产品,必须符合《中华人民共和国标准化法》中有关强制性标准的要求。

b. 合格认证

合格认证是依据商品标准的要求,对商品的全部性能进行的综合性质量认证,一般属于自愿性认证。实行合格认证的产品,必须符合《标准化法》规定的国家标准或者行业标准的要求。

②体系认证

体系认证主要是指企业缺陷管理体系的认证。所谓管理体系,是指“建立方针和目标,并实现这些目标的体系”。企业对管理体系进行认证是为了证实其有能力稳定地提供满足顾客和适用法规要求的产品。目前,企业缺陷管理体系认证主要有 ISO 9000:2000 质量管理体系认证、ISO 14000:2004 环境管理体系认证、OHSAS 18000 职业安全卫生管理体系认证、SA 8000 企业社会责任标准等。由于前三个体系标准均以产品质量的保证为基础,因此,他们具有很强的兼容性。

(2)企业缺陷认证制度的意义

实行企业缺陷认证制度的目的是保证产品质量,提高企业信誉和企业缺陷管理水平,保护顾客利益,促进国际贸易和发展国际认证合作,其意义具体表现在以下几方面。

①提高企业信誉和在国内外市场上的竞争力

企业在获得缺陷认证和认证标志并通过注册加以公布后,就可以在激烈的国内国际市场竞争中提高自己产品质量的可信度,有利于占领市场,提高企业经济效益。

②提高企业缺陷管理水平,全面推动经济的发展

企业缺陷认证制度的实施,可以促进企业缺陷进行全面管理,并及时解决在认证检查中发现的企业缺陷问题;同时可以加强国家对企业缺陷进行有效的监督和管理,促进缺陷管理水平不断提高。

③提供和保障企业缺陷信息的真实性和可靠性,指导消费。

顾客购买商品时,可以从企业缺陷认证公告或从商品及其包装上的认证标志中获得可靠的缺陷信息,购买到满意的商品。

2. 我国企业缺陷认证制度的发展现状

(1)采购环节的企业缺陷认证

目前,我国在采购环节的企业缺陷认证主要有限购制度、绿色采购机制和产地准出机制等。

①进口许可制度

进口许可证设立的目的之一是对进口商品的质量进行控制,通过技术检查和卫生检疫,才能取得许可,保证无缺陷的产品进入国内流通领域。

②绿色采购机制

2006 年,由财政部、国家环保部联合颁布了《关于环境标志产品政府采购实施意见》和《环境标志产品政府采购清单》,标志着我国政府已经开始实施绿色采购机制。这是我国建立企业环境缺陷的采购环节许可的一大步,必将对企业环境缺陷的管理产生积极的社会影响。一方面,绿色采购机制能够刺激生产领域的清洁技术与工艺的研发与应用、环境友好产品的生产与服务,推动企业环境缺陷管理的发展;另一方面,绿色采购机制还包括对资源能源的节约,以及对废弃物的再利用和再循环,达到延伸企业责任的目的,促进企业缺陷管理。

(2)生产环节的企业缺陷认证

企业生产过程非常复杂,涉及的缺陷非常多,从缺陷管理和认证制度的发展看,主要包括安全生产许可证、HACCP 认证、ISO 9000 质量管理体系认证、ISO 14000 环境管理体系认证、OHSAS 18000 职业安全卫生管理体系认证、SA 8000企业社会责任标准和卫生许可证等。

①安全生产许可证

为了严格规范安全生产条件,进一步加强安全生产监督管理,防止和减少生产安全事故,国家对矿山企业、建筑施工企业和危险化学品、烟花爆竹、民用爆破器材生产企业实行安全生产许可制度。

②HACCP 认证

HACCP(Hazard Analysis and Critical Control Point)是指对危害分析和临界控制点。HACCP 认证主要针对食品类企业产品的生产经营过程缺陷认证，确保食品在生产、加工、制造、准备和食用等过程中的安全。通过监控食品制作过程中的每一个环节，识别可能发生的危害并采取措施防止其发生，将危害降到最低。

③管理体系族认证

管理体系族认证包括 ISO 9000 质量管理体系认证、ISO 14000 环境管理体系认证、OHSAS 18000 职业安全卫生管理体系认证和 SA 8000 企业社会责任标准等。它们主要针对企业质量缺陷、环境缺陷、职业健康缺陷和企业社会责任缺陷的管理过程和状态的认证，确保企业缺陷管理体系处于受控和可接受状态。

④排污许可证

排污许可证原是指企业、事业单位，直接或者间接向水体排放工业废水和医疗污水，以及其他按照规定应当取得排污许可方可排放废水、污水的许可凭证。本书将此定义进行扩展，定义“企业排污许可证”是指企业直接或间接向环境排放废水、废弃和废物应当取得的许可凭证。

(3)流通环节的企业缺陷认证

①产品“三证”

进入流通领域的产品要具备生产许可证、产品出厂合格证、质量保证书三类证书，确保顾客能够准确接收和判断企业缺陷信息。

②购销记录

购销记录是指流通企业所能提供的证据主要包括购销合同、付款凭证、出库单和入库单、证人证言等，通过购销记录实现储运信息可查询、产品流向可追踪的功能。购销记录要求流通企业建立产品追溯档案，记录产品的来源信息和销售信息。购买信息包括产品生产者、品名、进货时间、产地来源、规格、质量等级、数量等内容；销售信息包括销售对象、联系方式、销售时间、规格、数量等内容。

4.4 本章小结

本章研究了企业缺陷的信息传递机制。从信息的真实性方面设计了基于管理信息化平台的真实机制，从顾客信任的角度设计了基于认证制度的企业缺陷信息信任机制。首先，界定了企业缺陷信息的内涵，分析了企业缺陷信息的特点、传递框架及影响因素；其次，对我国企业缺陷信息的真实性要求及现状进行研究，提出覆盖全方位的管理信息化平台是解决企业缺陷信息的真实性问题最有效和最可行的办法，并针对我国企业的信息管理现状，从企业层面和超企业层面分别构建了企业缺陷信息管理平台的架构；最后，从微观视角研究企业和顾客对企业缺陷信息的博弈，通过对博弈结论的分析得出形成分离均衡是保证顾客信任企业缺陷信息的前提。根据博弈结果的分析并结合实际情况，本书认为基于认证制度的企业缺陷信息传递信任机制是形成分离均衡的有效途径之一。结合我国认证制度发展现状的基础上，通过在采购—生产—流通三大环节分别设置基本的强制性认证与非强制性认证相结合的认证制度来保障企业缺陷信息的真实性、客观性和可靠性，确保顾客信任企业缺陷信息。

第5章　企业缺陷的诊断研究

5.1　企业缺陷诊断的内涵

5.1.1　医学诊断到企业缺陷诊断的隐喻化

从医学角度来看，"诊断"是根据人们的精神和体质状态而判断病情及其发展情况，是对正常人的健康状态、劳动能力和某一特定生理过程的判断，是认识疾病的基本方法，是疾病治疗、预防的前提。其概念被推广到生活与社会中各种问题及其原因的判断。

正如人体时刻面对病菌侵袭一样，企业健康也时刻面临企业缺陷的威胁。人体获得疾病仍能保持健康，得益于医学诊断对病菌的准确判断能为疾病的治疗提供有效依据，从而消除病菌侵害，维持机体健康。企业想要保持企业长期的健康生存和发展，也应该像医学诊断那样判断企业缺陷的症状，识别企业缺陷的成因，从而有效防御企业缺陷的侵害，维持企业的健康发展。医学诊断与企业缺陷诊断的隐喻关系如图5.1所示。

医学诊断的步骤如下。

1. 收集疾病资料

诊断的首要步骤就是通过询问就诊者的主观感受症状来采集病史资料。

2. 评价疾病资料

对收集到的疾病资料，先要估计它的真实性和准确性，再参照疾病的标准辨别它反映的是正常还是异常情况。

3. 分析推理判断

在评价资料的基础上对疾病的成因进行分析和定位。

企业缺陷的诊断步骤跟医学诊断有极大的相似之处。

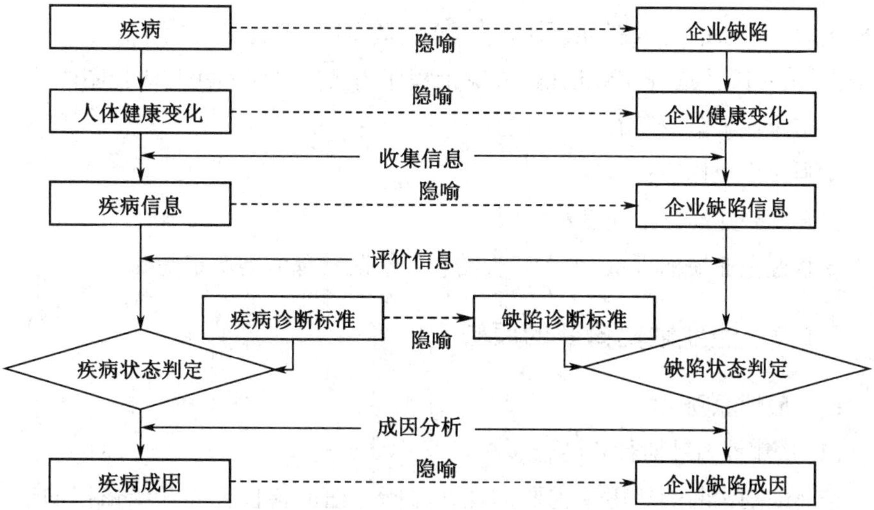

图 5.1　医学诊断与企业缺陷诊断的隐喻关系图

(1)收集企业缺陷信息

通过企业表现出来的缺陷症状来获得企业缺陷信息。

(2)评价企业缺陷信息

对企业缺陷信息,先要估计它的真实性和准确性(这一步已在第 4 章讨论过),再参照一定的标准判别企业缺陷状态,即正常还是异常。

(3)追究企业缺陷产生的原因

在评价资料的基础上对企业缺陷的成因进行分析和定位。

5.1.2　企业缺陷诊断的界定

企业缺陷的诊断是基于设定的缺陷判定标准,通过一定的方法途径,在规范的程序限定下,利用企业缺陷信息判断企业缺陷状态的严重程度和性质,对企业缺陷产生的原因进行追溯的过程。企业缺陷的诊断是对企业缺陷进行综合管理的前提。企业缺陷的诊断分为两个步骤:

①利用缺陷信息对企业缺陷的状态进行判断,确定企业缺陷是否存在且产生了影响,为启动企业缺陷基因的分析程序提供决策依据;

②通过对缺陷信息的追溯,确认引发企业缺陷的原因,为下一步具有针对性的企业缺陷治疗提供参考依据。

企业缺陷诊断是企业诊断中的一种专题诊断,企业缺陷诊断既可由企业的外部人员实施,也可由企业内部人员进行自我诊断。企业缺陷诊断的常用方法有检查表、分层法、排列图、因果图、直方图、散布图、控制图、关系图法、亲和图、系统图法、矩阵图法、PDPC法(过程决策程序图法)、网络图法和流程图法等。

实施企业缺陷诊断有三个目的:

①强化企业体质;

②发现企业缺陷的病症和病因;

③掌握企业缺陷现状,为下一步的企业缺陷管理活动奠定基础。

5.1.3 企业缺陷诊断的原则

1. 一般性原则

(1)适用性与针对性相结合

企业缺陷诊断的适用性主要体现在诊断方法的移植性和评级依据的适用性等功能要求的实现方面。适用性是保证企业缺陷的诊断方法能够广泛应用和相互可比的基础,是对诊断的溯源性及其结果进行评价对比的前提。诊断的针对性是由被诊断企业的差异性和特殊要求决定的,主要体现在诊断方法的专属性、诊断程序的针对性和评价依据的针对性等方面。企业缺陷诊断的目标对象通常在拥有的资源和对缺陷管理的需求程度方面存在着差异,这就决定了企业缺陷的诊断方法需要在充分考虑企业的本质特点和具体要求的基础上来制定,因此具有非常强的针对性。

(2)规范性与可控性相结合

规范性是企业缺陷诊断的首要前提,主要包括规范的诊断方法、诊断程序和人员管理等,是可控性和可比性等功能实现的基础。规范化管理是企业缺陷诊断的所有相关方能够发挥正面推动作用的前提。在规范化的要求下,诊断能够按规范标准的指导完成,保障诊断的正确性,满足企业缺陷诊断的要求。诊断的可控性要求是基于整个诊断的实施过程提出的,主要包括诊断过程的可控性和获取过程的畅通性等。企业缺陷的诊断是以企业生产经营全流程中所有环节可能存在的企业缺陷为目标对象而进行的综合性诊断,是全局性工作。保证诊断的整个过程均在控制下进行,有利于满足诊断所应满足的各项相关要求,减少诊断在操作过程中的误差,削弱诊断流程对于诊断结果的制约性影响,以保证诊断的全过程的规范性和有效性。

(3)操作性与可比性的平衡

企业缺陷诊断方法和诊断程序需要满足简便易行的可操作性要求是企业

缺陷诊断的使用基础。诊断的内容、评价标准和结果是企业缺陷诊断的核心内容，但由于缺陷产生的原因及影响对象各异，企业诊断应该促使同样诊断方法下诊断结果具有横向、纵向可比性。

(4)可靠性与关联性的平衡

企业缺陷诊断方法、整个过程以及结果的真实可靠程度是决定企业缺陷诊断成功与否的决定性因素，企业应尽可能提高诊断过程所获取信息数据的真实性和企业缺陷诊断结果的可靠性。企业缺陷诊断的关联性主要体现在企业缺陷诊断和评价依据等方面，包括对企业缺陷诊断依据的同质性和关联性等要求。

(5)综合性与专业性的平衡

企业缺陷的诊断涉及多方主体，并受多种因素共同影响，因此它是一项全局性工作，对诊断人员、手段以及领域提出了高度综合性的要求。同时，企业缺陷诊断需要对某一特定环节进行深入的分析，这就需要诊断人员、手段具有较强的专业性，对企业缺陷诊断提出了专业性的要求。

2. 特殊性原则

本书将企业视为特殊生命体，因此在对企业缺陷进行诊断时要遵循一些特殊原则。

(1)以顾客对缺陷的感知作为诊断标准

由于企业生命体的生存价值体现在满足顾客的需要方面，为了使顾客满意，企业必须识别顾客的需要，设计满足这些需要的生产和服务系统，并将测量的结果作为企业缺陷诊断的标准。

(2)系统性诊断原则

企业缺陷的表象仅仅反映了企业缺陷成因的一小部分，它对企业生命体的其他部位已经造成了损伤。因此，基于医学思维的企业缺陷诊断强调应该对企业进行全面、系统地诊断，确保找出产生企业缺陷的所有原因。

(3)基于企业缺陷信息进行诊断

信息是企业缺陷的真实、唯一反映，在进行缺陷诊断时，必须将信息作为企业缺陷诊断的依据。

5.1.4　企业缺陷的诊断类型

本书按实施企业缺陷诊断的主体将企业缺陷的诊断划分为企业自我诊断、第三方诊断和顾客诊断。

1. 企业自我诊断

企业自我诊断通常是指企业通过自身的检验手段发现企业的生产经营过程中存在无法满足顾客需求的过程和结果。企业缺陷在形成过程中就已被发现，并在企业缺陷未发生危害前向顾客传递出缺陷信息。由于企业自我诊断带有一定的目的性和预防性，它能够将企业缺陷的危害降至最小，是企业缺陷诊断的理想方式，但是企业自我诊断通常需要企业消耗大量的资源和精力，追求利润最大化的企业通常会忽视企业缺陷的自我诊断。实际中企业自我诊断的做法主要有产品质量检验、危险源辨识和监测、员工安全培训和采取防护措施等。企业自我诊断已经形成了非常成熟、完善的理论体系。

2. 第三方诊断

第三方诊断是指企业缺陷已形成但未进入流通领域或者未表现出企业缺陷的危害性，政府或第三方机构按照既定的程序和标准对企业进行检查后发现企业缺陷的存在。由于执行诊断的主体是政府或第三方权威机构，第三方诊断具有一定的强制性。另外，由于政府或第三方机构遵循的诊断标准具有一定的法律效力，因此，第三方诊断发现的企业缺陷通常具有一定的违法性，企业将面临较大的行政处罚和声誉损失。从企业缺陷诊断的发展和使用看，第三方诊断是使用最多、诊断效果最明显的诊断方法，但是由于第三方诊断的执行成本较大，政府或第三方机构实行间断性诊断。企业通常会在实施第三方诊断的时期内表现出良好的缺陷管理绩效，但在间断期内却放松甚至不采取缺陷管理。第三方诊断的方式通常有对企业生产过程进行现场监督检查、对产品或服务进行抽样检查、对企业生产和销售过程的记录或数据等文件化资料的审核和检查等。

3. 顾客诊断

顾客诊断是指企业缺陷的危害性已经显露，造成顾客利益受损，顾客根据对企业缺陷的感知判断企业缺陷的存在，如顾客抱怨、投诉、退货、索赔等事件都可以反映出企业缺陷的存在及严重程度。但由于顾客与企业之间的信息不对称、顾客反馈信息的有效性以及顾客反馈影响力等因素的制约，导致企业缺陷很难被认可。通常来说，只有形成一定规模的顾客对缺陷的反馈才能够确定企业存在缺陷及严重程度。以惠普质量门为例，早在 2007 年，惠普笔记本用户陆续反映所购惠普笔记本存在质量缺陷，但直至 2010 年 3 月，170 余名惠普笔记本用户通过集体维权律师团向国家质监总局提交了行政投诉书，才确定了这起质量缺陷的存在。还有，大量三鹿毒奶粉产品使用者的缺陷感知证实了产品质量缺陷的存在。

5.1.5　组织记忆对企业缺陷诊断发展的影响

柯达、诺基亚、微软等赫赫有名的企业曾拥有最好的缺陷管理人员、最多的缺陷诊断技术储备和最完善的顾客反馈系统。它们不断提升和完善缺陷管理能力、缺陷成本控制能力以及工艺创新能力。这些企业已经形成了非常成熟的自我诊断体系,并使企业缺陷水平保持在极低水平,但奇怪的是顾客仍然不断地向企业投诉其存在的缺陷。从现实情况看,大量的缺陷投诉均来自顾客价值无法实现方面,而非企业自身技术、产品或管理等直接造成的缺陷。现有研究将这种新缺陷诊断技术投入延迟和过分信任现有缺陷诊断技术的思维惯性称为"组织记忆",企业的组织记忆使得企业往往容易固守于自我诊断的优势,而对外界环境变化带来的挑战反应迟钝。

因此,现在的缺陷管理体系开始强调以顾客满意为目标,顾客价值的引入为企业优化和完善企业缺陷诊断提供了一个全新的理念与方法。李江蛟提出企业缺陷诊断应由以产品为中心的诊断向以顾客为中心的诊断转变。基于顾客价值的企业缺陷诊断正逐渐成为未来企业缺陷管理的重要环节和发展方向。

由于企业已经形成了非常成熟的自我诊断体系,而第三方诊断也具有规定的方法和内容,这两种诊断类型已经具有完善的理论基础和很强的操作性,因此,本书不再进行过多讨论。随着企业缺陷信息传递机制日益完善和顾客对企业缺陷感知越来越敏锐,顾客缺陷感知成为企业缺陷诊断关注的新内容,但顾客诊断的理论尚处于探讨阶段。因此,本章将利用医学思维重点探讨基于顾客缺陷感知的企业缺陷诊断模型。

5.2　顾客与企业缺陷信息的关系

5.2.1　顾客获取企业缺陷信息的方法

1. 望——现场查看

"望"诊是指医生用眼睛对患者外部情况进行观察,是一种测知病情的方法。企业的"望"诊是指顾客用眼睛对企业进行实地考察,观察企业各个方面的外显情况,如工厂环境、厂房建筑、车间布局、设备运行情况、员工工作情况、操作过程等。透过这些外显情况，利用一般性表面信息可以揣测分析出企业是否存在产生企业缺陷的原因。

2. 闻——效果反馈

“闻”诊是指顾客从其他顾客那里间接获得的有关企业缺陷信息的口碑传播方式。例如，其他顾客对企业缺陷及处理方案的反应、金融界对企业风险的评估情况、媒体的报道等，根据其他顾客对危害的效果反馈，分析企业缺陷造成的危害严重程度等信息。

3. 问——问题描述

“问”诊是指医生根据行医经历和知识提出有目的的询问，引导病人描述自身的感受及其变化过程，从而了解病人既往病史与家族病史、起病原因、发病经过及已有治疗过程等情况。对企业缺陷的“问”诊则是指顾客依据自己的知识和技能或借助第三方机构对企业相关部门及人员进行询问、访谈或问卷调查，通过企业员工对问题的描述，了解企业缺陷的发展历程、现状及企业缺陷的影响程度等信息。

4. 切——针对性判断

“切”诊是指医生亲自对病人某些部位进行触摸按压的检查方法，结合行医经验和其他信息，对病人病情进行针对性诊断的过程。对企业缺陷的“切”诊就是顾客利用公开媒介获取企业各个阶段的财务报表、生产和销售记录、关键供应商和客户档案、利益相关者的需求等，深入地分析企业的“脉动”，即企业的人力资本流、物流、资金流、技术流、信息流等情况，通过书面记录文件分析掌握企业缺陷信息。

5.2.2 顾客对企业缺陷信息的反应模式

当得知企业缺陷信息时，顾客首先可能会选择采取行动或沉默。据中消协统计显示，在合法权益受损后，47.8%的顾客曾向有关方面要求合理赔偿或补偿，52.2%的顾客选择沉默。顾客选择沉默主要有三个原因：35.2%的顾客认为是浪费精力和时间，27.0%的顾客是因为损失不大，25.5%的顾客则是因为举证困难。

若在得知企业缺陷信息后顾客采取了行动，则行动可归纳为三类：

①退换货，即顾客将存在缺陷的产品或服务退还给企业，或要求企业更换一个不存在缺陷的产品或服务；

②顾客将对企业缺陷不满意的经历向其他顾客进行传播，这种关于企业缺

陷信息的传播会影响到顾客对企业产品或服务的购买意愿；

③顾客向政府或第三方机构进行投诉，甚至向法院提出诉讼或索赔请求。

顾客对企业缺陷信息的反应模式如图5.2所示。

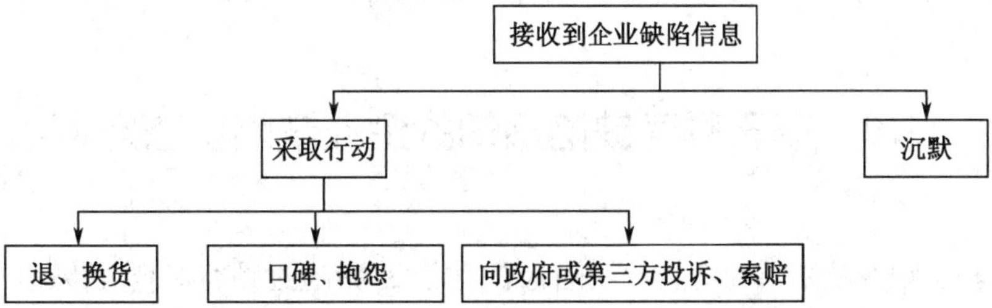

图5.2 顾客对企业缺陷信息的反应模式

5.2.3 企业缺陷信息对顾客的作用机理

1. 企业缺陷

企业缺陷在生产运营过程中存在一类共生的过程，因此企业缺陷与企业生产函数密切相关。其作用函数可表示为

$$Z = Z(Q) \tag{5-1}$$

2. 顾客的效用

顾客的效用是指对于顾客通过企业产品的使用而使自己的需求、欲望等得到满足的程度。本书以经济学中的效用函数表示，即

$$U = U(Q) \tag{5-2}$$

3. 顾客对企业缺陷信息的感知

假设顾客不仅关心产品对其需求的满足，也关心伴随着产品而产生的企业缺陷 Z 所带来的危害，并且假设同样感知水平的顾客对企业缺陷所带来的危害的感受程度完全相同。顾客对缺陷信息的感知效用可表示为

$$\Delta H = \Delta H(z) \tag{5-3}$$

4. 顾客对企业缺陷的判断

顾客对企业缺陷的判断是指由于顾客对企业缺陷危害的感受而使顾客对产品的效用发生变动，产生了新的效用，即联立式(5-2)和式(5-3)得

$$H(Q,z) = U(Q) - \Delta H(z) \tag{5-4}$$

式中 $H(Q,z)$——递增的位次同次的凹函数；

U 和 ΔH——递增的凸函数。

若顾客的新效用 $H(Q,z)$ 小于零或某一预定值，顾客会认为企业存在缺陷，以抵制购买、投诉、索赔、强制治理等方式让企业对其缺陷进行处理和改正。

5.3 基于顾客缺陷感知的企业缺陷状态判定

基于顾客缺陷感知的企业缺陷状态判定，是指通过顾客对企业传递的缺陷信息或经历企业缺陷的经验信息的感知而诊断出企业是否存在缺陷以及其严重程度。本书假设企业无论知道自身存在缺陷与否都会选择在顾客发现企业缺陷前保持沉默，顾客根据自身对企业传递的缺陷信息或企业缺陷体验而得到的经验信息决定企业是否存在缺陷，而顾客完全按照自身对企业缺陷信息的感知进行客观判断，不会出现虚假或错误判断。

5.3.1 顾客缺陷感知与缺陷诊断的关系

随着经济和社会的进步，顾客获取与企业缺陷相关信息的权利诉求不仅推动了缺陷信息的公开，也激发了顾客的购买欲望。顾客的购买决策是对不断进入市场的企业缺陷信息进行传递和处理的动态演变过程，其本质是与企业缺陷有关的信息以价值的形式传递给顾客的过程。因此，企业缺陷信息可以改变顾客对产品的看法，对市场具有直接作用和决定性意义。

关于缺陷信息对顾客购买决策影响的研究有：Omar，Musa 和 Nazri 认为产品交易绝大部分表现为对缺陷信息的顾客感知价值与价格的比例或比较；崔丽从顾客角度出发对产品缺陷与产品价格的关系进行了研究，建立了缺陷感知—认可价格模型，描述了同一时间不同顾客、同一顾客不同时间的缺陷感知与认可价格曲线的变化规律；韩青通过对顾客的经济收入、受教育程度和市场规范化程度等因素调查研究顾客对产品缺陷信息认知和安全消费行为的影响，建立了符合半理性假设的缺陷感知能力指标体系来判断不同缺陷信息对顾客购买决策的影响；Ligarski 提出获得缺陷信息的精度对顾客的购买行为有较大影响。

从企业缺陷信息的传递过程中寻找企业缺陷演变规律是国内外学者研究的热点问题。Akerlof 提出了缺陷信息的传递不当引起顾客感知价值失真导致市场失灵和逆向选择问题。程新章将价值链管理模式和惯例理论结合起来提出了质量惯例理论,认为质量内容、标准化和质量惯例的属性等决定了质量信息的结构,质量信息的传递过程直接反映了企业质量管理的成效。Tzeng 从顾客角度研究利空的缺陷信息是顾客对产品质量进行质疑的诱因,认为利空的缺陷信息对顾客感知价值产生抵减作用,是企业缺陷管理的控制重点。由于质量信息连续影响顾客对产品效用,顾客感知价值呈现出非线性变化。谢飞指出缺陷信息使顾客感知价值呈现出波动性,而这种波动性被认为是企业缺陷爆发的警示性指标。

综上,现有研究注意到缺陷信息会影响顾客的购买决策,本书做出如下假设:若企业缺陷信息导致顾客做出拒绝购买的决定,则说明企业缺陷存在,否则企业不存在缺陷。

5.3.2　相关概念的界定

企业缺陷的感知能力是指顾客将企业缺陷信息转化为效用的能力,它受到产品的惯性、获取缺陷信息的精度和顾客偏好三个方面的影响。

焓是指顾客利用自身的感知能力通过对新的企业缺陷信息进行加工后对产品效用的重新评价。

企业缺陷信息的焓变是因利好/利空的缺陷信息引起顾客感知价值的波动过程。正焓变是指企业缺陷的相关信息提升顾客感知价值的过程,反之则成为负焓变。

“焓黑洞”是指由于利空信息引起负焓变而造成焓低于产品价格,顾客在决策时选择放弃购买产品的区域。

5.3.3　问题的提出与基本假设

本书借用热力学中“焓”的概念解释顾客对企业缺陷信息感知价值的波动,并用随机游走模型来构建企业缺陷的焓变的可视化传递模型,模型中包含了构建了包括传递空间、顾客对缺陷信息的感知程度和企业缺陷信息的焓三个方面,通过对同一时间不同顾客、同一顾客不同时间的企业缺陷信息的焓和价格的对比,发现顾客预期出现波动的时间和空间,探讨企业缺陷存在的状态。

从系统论的角度看,顾客被视为一个购买决策系统,因企业缺陷信息的作用使顾客购买决策发生变化的问题,类似于物体与外界进行热量交换的过程,购买决策系统的内能与企业缺陷信息施加于系统的影响之和,即本书提出的“焓”,表示为

$$H_t = U_t + \Delta H_t$$

式中 U_t——在没有企业缺陷信息之前，顾客感知价值处于稳定的状态；

ΔH_t——质量信息对购买决策系统产生的影响，本书称为“企业缺陷信息的焓变”。

由于顾客感知价值是已知变量，而企业缺陷信息的焓变依赖于顾客对企业缺陷信息进行估价的参照系统，因此，将上述问题转变为如何解释企业缺陷信息的焓变。

企业缺陷信息的焓变的基本思想建立在泰勒级数理论的基础上，把产品看成是企业缺陷信息的载体，将信息传递看成是企业或销售节点向顾客连续、随机地传递信息，假定这种传递符合马尔科夫假定，本书把企业缺陷信息当作有价值的质点，将传递过程用大量价值质点的释放来表示，这些质点在空间分布和时间上的总体分布就构成了企业缺陷信息传递的焓变的多维曲面图像，其原理图如图 5.3 所示。

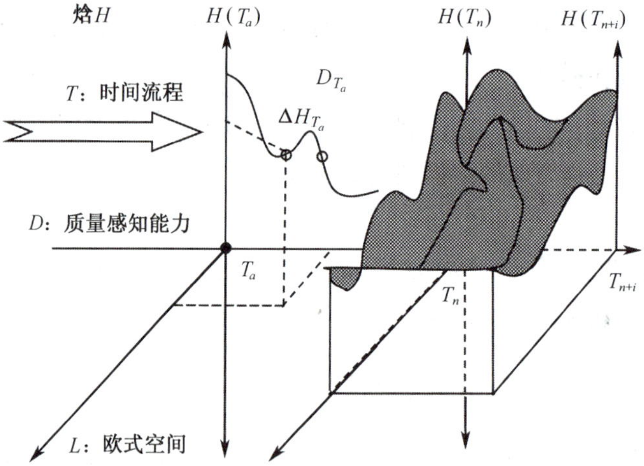

图 5.3 企业缺陷信息传递的焓变原理图

企业缺陷信息的焓变表述为 t 时刻 (x_0, y_0) 处产生了价值 V_t 的质量信息和 (x, y) 处的顾客接受该信息的概率 $P_t(V_t, D_t, l)$ 二者的乘积，其表达式为

$$\Delta H_t(x,y) = V_t \cdot P_t(V_t, D_t, l) \tag{5-5}$$

式中 $\Delta H_t(x,y)$——(x,y) 处顾客的企业缺陷信息的焓变；

V_t——(x_0, y_0) 处产生了价值 V_t 的企业缺陷信息；

$P_t(V_t, D_t, l)$——(x,y) 处顾客接受该信息的概率；

D_t——(x,y)处顾客对企业缺陷信息的感知能力；

l——(x,y)到企业缺陷信息源(x_0,y_0)的位移，即

$$l=\sqrt{(x-x_0)^2+(y-y_0)^2}$$

企业缺陷信息的熔变主要集中在信息传递和感知能力方面，故作如下假设。

①信息在特定的环境中进行传递，超出范围后传递无法进行。单个信息视为质点，其总体积为1，其表达式为

$$P(l,0)=\delta(l)=\begin{cases}\delta(l)=\begin{cases}0 & l\neq 0\\ \infty & l=0\end{cases}\\ \int_{-\infty}^{+\infty}\delta(l)\,\mathrm{d}l=1\end{cases} \tag{5-6}$$

②当熔超过产品价格，顾客会购买该产品，否则顾客会拒绝购买。企业缺陷感知能力相同的顾客对同一信息产生相同熔变。

③企业缺陷信息的熔变包括正熔变和负熔变。

④企业缺陷信息源自我传递的概率为1，感知能力越强的人接受信息的概率越大，即$P(D+\Delta D,V)\geqslant P(D,V)$。

5.3.4　模型构建

静态条件下，企业缺陷信息的熔变表达式为

$$\Delta H(x,y)=V\cdot P(V,D(x,y),l) \tag{5-7}$$

因此，本书将(x,y)处顾客接受信息的概率$P(V,D,l)$简化为一个二维坐标系(L,D)的随机游走过程计算，如图5.4所示。

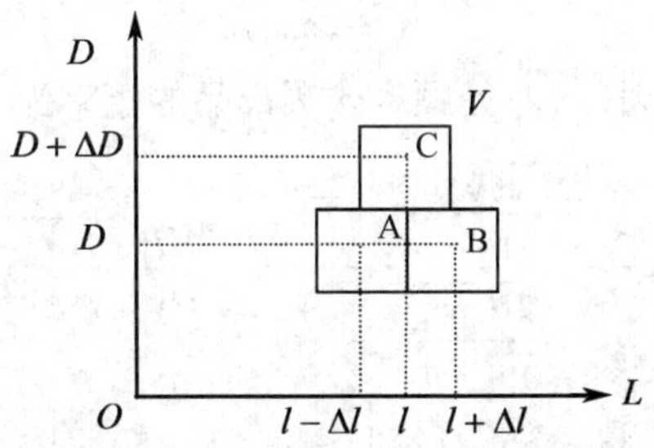

图5.4　基于随机游走的企业缺陷信息传递的熔变模型

在此模型中，假设市场中存在与产品相关的价值为 V 的缺陷信息传递至 C 为全概率事件，其概率分别是 p 和 q，且 $p+q=1$，并用 $P(l,D)$ 表示信息的传递至点 (l,D) 的概率。那么，信息的传递至 C 点的概率等于信息传递至 A 点的概率 $P(l-\Delta l,D)$ 乘以信息由 A 点向 C 点传递的概率 p，加上信息的传递至 B 点的概率 $P(l+\Delta l,D)$ 乘以由 A 点向 C 点传递的概率 q，有

$$P(l,D+\Delta D)=pP(l-\Delta l,D)+qP(l+\Delta l,D) \tag{5-8}$$

将式(5－6)按泰勒公式展开后得

$$\Delta D\frac{\partial P(l,D)}{\partial D}=\Delta l(q-p)\frac{\partial P(l,D)}{\partial l}+\frac{(\Delta l)^2}{2}\frac{\partial^2 P(l,D)}{\partial l^2}+L \tag{5-9}$$

令

$$\alpha=\lim_{\substack{\Delta l\to 0\\ \Delta D\to 0}}((\Delta l)^2/2\Delta D)\beta=\lim_{\substack{\Delta l\to 0\\ \Delta D\to 0\\ p\to q}}[\Delta l(p-q)/\Delta D]$$

由于实际中传递空间中不同感知能力的顾客对企业缺陷信息的价值感知存在差异，式(5－9)变换为

$$\frac{\partial P}{\partial V}=\alpha(V)\frac{\partial^2 P}{\partial l^2}-\beta(V)\frac{\partial P}{\partial l} \tag{5-10}$$

式中　$\alpha(V)$，$\beta(V)$——顾客的信息感知能力的倒数。

将式(5－6)和式(5－10)组成的微分方程组做 P 关于 l 的 Fourier 变换，可得方程式的不定解为

$$P(V,D,l)=C\cdot\sqrt{\frac{D(x,y)}{4\pi}}\cdot e^{\frac{-l^2\cdot D}{4}} \tag{5-11}$$

由 5.3.3 节④可知，$P(V,D,0)=1$，解得

$$C=\sqrt{\frac{4\pi}{D(x_0,y_0)}}$$

代入式(5－7)，得到 (x,y) 处顾客购买产品的概率为

$$P(V,D,l)=\frac{\sqrt{\frac{D(x,y)}{4\pi}}\cdot e^{\frac{-l^2\cdot D}{4}}}{\sqrt{\frac{D(x_0,y_0)}{4\pi}}}=\sqrt{\frac{D(x,y)}{D(x_0,y_0)}}\cdot e^{\frac{-l^2\cdot D(x,y)}{4}} \tag{5-12}$$

加入时间 t 因素后，将式(5－12)代入式(5－5)、式(5－7)，得到单个信息源在 (x,y) 处的熵变函数为

$$\Delta H_t(x,y)=V_t\cdot\sqrt{\frac{D_t(x,y)}{D_t(x_0,y_0)}}\cdot e^{\frac{-l^2\cdot D_t(x,y)}{4}} \tag{5-13}$$

$$H_t(x,y)=U_t+V_t\cdot\sqrt{\frac{D_t(x,y)}{D_t(x_0,y_0)}}\cdot e^{\frac{-l^2\cdot D_t(x,y)}{4}} \tag{5-14}$$

式中 $H_t(x,y)$——(x,y)处顾客购买决策系统的焓；

U_t——(x,y)处顾客原有感知价值；

$\Delta H_t(x,y)$——(x,y)处缺陷信息引起的焓变；

V_t——t时刻产生的缺陷信息价值；

$D_t(x,y)$——t时刻(x,y)处顾客的感知能力；

$D_t(x_0,y_0)$——t时刻信息源(x_0,y_0)处顾客的感知能力；

l——t时刻(x,y)到信息源(x_0,y_0)的位移。

即

$$l=\sqrt{(x-x_0)^2+(y-y_0)^2}$$

现实中经常会出现多个信息源向同一潜在顾客进行传递的情况。由于$\Delta H(A),\Delta H(B),\cdots,\Delta H(N)$可近似认为是不相容事件，所以多信息源的焓可表示为：

$$H=U+\sum_{i=A}^{N}\Delta H(i) \tag{5-15}$$

式中 $\Delta H(i)$——第i个信息源在(x,y)的焓变。

在静态时间下，单个信息源和多个信息源的焓变效果分别如图5.5和图5.6所示。

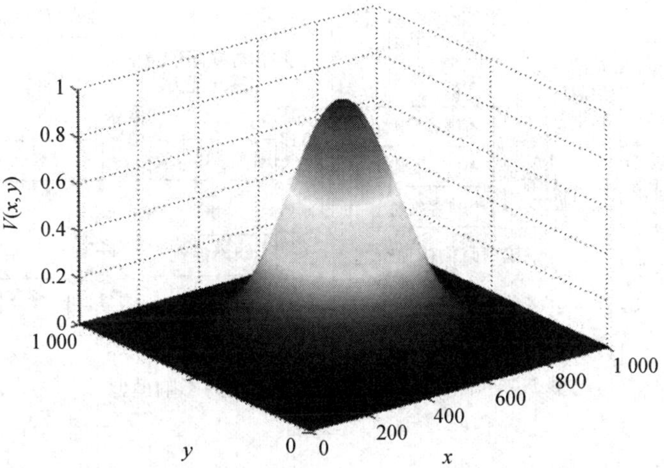

图5.5 单一信息源的焓变效果

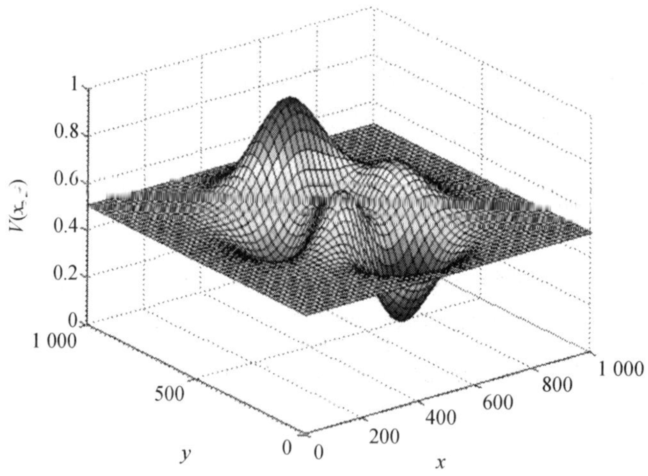

图 5.6 多个信息源的焓变效果

5.3.5 指标设计

为实现上述模型的计算，本书改进了李莉提出的缺陷信息对顾客购买决策的影响模型，如图 5.7 所示，构建了包括缺陷信息源、缺陷信息的传递空间、顾客的缺陷感知能力三个方面的指标体系。

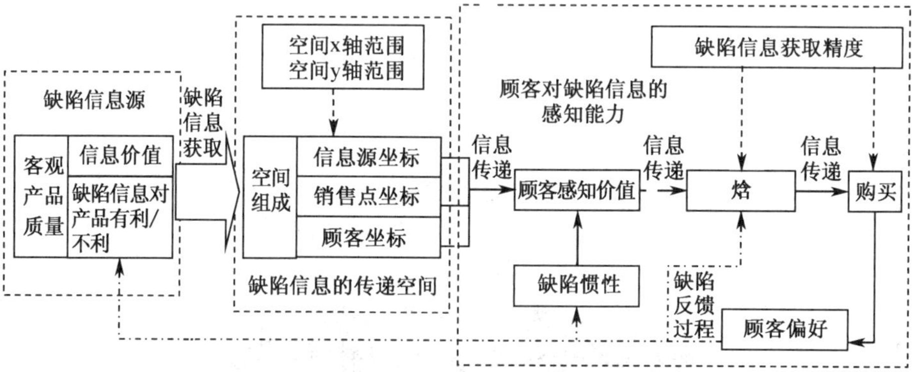

图 5.7 缺陷信息对顾客购买决策的影响模型

缺陷信息源是描述企业缺陷信息在空间存在状态的变量，本书选取缺陷信息的价值和性质两个指标。缺陷信息的传递空间含基础坐标系、缺陷信息源坐标、销售地点坐标和顾客坐标四个指标。顾客的缺陷感知能力含缺陷惯性、可获取缺陷信息的精度和顾客偏好三个指标。缺陷信息传递的焓变模型的变量见表5.1。

表5.1 缺陷信息传递的焓变模型的变量

目标层	变量层	数据层
缺陷信息源	缺陷信息源的价值	市场中产生与本产品缺陷相关的信息价值
	缺陷信息源的性质	缺陷信息对产品的影响是正/负面
缺陷信息的传递空间	基础坐标系	空间 x 轴坐标范围
		空间 y 轴坐标范围
	缺陷信息源的坐标	缺陷信息产生的位置
	销售地点所在坐标	销售地点坐标
	顾客所在坐标	购买该产品的潜在顾客所在位置
顾客的缺陷感知能力	缺陷惯性	缺陷认证标准
		抽样合格率
		广告投放量
	可获取缺陷信息的精度	对该缺陷信息报道的次数
		对该缺陷信息报道的客观性
	顾客偏好	产品的售价与行业均价的比值
		(x,y)处的消费水平
		顾客对该产品的消费频率
		顾客好、差评比例

5.4 企业缺陷基因分析工具

考虑到企业缺陷产生原因不同、呈现状态的不同及可变性的三大特点，因此，企业缺陷的基因分析需要使用多种分析工具。企业在企业缺陷基因分析工

具选择应遵循以下三个原则:

①针对分析对象的属性采用相应的分析工具;

②针对分析对象不同的表达性状采用相应的分析工具,定性分析法较适合使用在直观缺陷分析上,定量分析方法则应更多的应用在可量化缺陷上;

③考虑到分析对象的过程变化,企业缺陷的表现不是一成不变的,分析方法应注意动态与静态分析方法相结合。

本书从资料收集、观念和思维、问题分析三个方面对企业缺陷基因的定性分析方法进行总结。资料收集方面的分析方法有访谈法、问卷调查法、抽样调查法、观察法、量表法、个案分析法和投射法等;观念和思维方面的分析方法有头脑风暴法、德尔菲法、小组过程模型法、主观概率法和 KJ 法等;问题分析方面有标杆分析法、帕累托原则、故障分析树法、鱼骨图法、ABC 分类法、排列图、问题分析法、检查表、运行图、工作流程分析、因果图法、五个为什么法、矢线图法、关联图法、系统图法和关联图法等。

企业缺陷基因的定量分析方法主要有直方图、层别法、散布图、失效模式与影响分析(FMEA)、6σ、测量系统分析(MSA)、正交试验设计法(DOE)、能力指数、SPC 控制图、衰退分析、方差分析法、矩阵数据分析法、过程决策程序图法(PDPC)。除此之外,通常使用的定量方法还包括因子分析法、层次分析法、模糊综合评价法、价值树法、DEA 模型、价值链分析、多因素评分法和图像描绘法等。

综上所述,本书对现有的缺陷成因分析方法从以上几种角度进行梳理,作为整理企业缺陷基因分析方法集的一个理论方法支持,其分类情况见表 5.2。上述方法的单独使用有时候并不能满足企业缺陷的识别要求,但是将上述方法的综合运用则能够更好地进行企业缺陷的识别。

表 5.2 企业缺陷基因分析工具汇总表

	分类	方法类别	备选方法	适用范围
	定性分析方法	资料收集法	访谈法、问卷调查法、抽样调查法、观察法、量表法、个案分析法、投射法等	利用诊断专家的专业知识、实践经验和分析判断能力,
		观念与思维方法	头脑风暴法、德尔菲法、小组过程模型法、主观概率法、KJ 法等	

表 5.2(续)

<table>
<tr><th rowspan="4">企业缺陷基因分析工具</th><th>分类</th><th>方法类别</th><th>备选方法</th><th>适用范围</th></tr>
<tr><td></td><td>问题分析方法</td><td>标杆分析法、帕累托原则、故障分析树法、鱼骨图法、ABC 分类法、排列图、问题分析法、记录检查表、运行图、工作流程分析、因果图法、五个为什么法、矢线图法、关联图法、系统图法、关联图法等</td><td>在调研考察的基础上,对受诊断对象进行评估的诊断方法</td></tr>
<tr><td rowspan="2">定量分析方法</td><td>常用分析模型</td><td>直别法、散布图、失效模式与影响分析(FMEA)、6σ、测量系统分析(MSA)、正交度验设计法(DOE)、能力指数、SPC 控制图、衰退分析、方差分法、矩阵数据分析法、过程决策程序图法(PDPC)</td><td rowspan="2">依据已经收集的相关数据信息,运用一定的数学运算或模型进行资料的再加工和处理,并结合企业管理本身发展规律进行分析的方法</td></tr>
<tr><td>其他定量方法</td><td>因子分析法、层次分析法、模糊综合评价法、价值树法、DEA 模型、价值链分析、多因素评分法、图像描绘法、SPSS 软件、计算机辅助设计等</td></tr>
</table>

5.5 实证研究

2011 年 9 月 14 日,康菲石油公司在渤海湾的石油泄漏事故严重影响了渤海湾周边的海产品企业的东北三省和京津唐地区的销售市场。本书分别对大连獐子岛渔业集团股份有限公司(以下简称“獐子岛”)的 2011 年面板数据、鲜海参产品质量及价格数据、相关地区的统计年鉴以及顾客调查问卷进行为期 3 个月的跟踪取样,结合本书提出的质量信息的焓变模型来研究此次漏油事故产生的缺陷信息对顾客购买决策的影响。数据采样频率以周为单位分别采取事故发生时($t=0$)、事故后 2 周($t=1$)、事故后 4 周($t=2$)、事故后 6 周($t=3$)和事故后 8 周($t=4$)5 个时间点。

5.5.1 数据的收集

1. 缺陷信息源

李正通过研究得出短期内企业承担缺陷责任越多(缺陷信息的价值越大),企业资产价值降低越多(股价变动越大),缺陷信息的价值与企业股价成正比例关系。因此,本书将选用上市企业的股票价格作为缺陷信息价值的衡量指标,为了避免瞬时股价的随机波动影响,本书选用獐子岛的七日平均股价(MA7)数据,$V_t = \mathrm{MA7}(t) - \mathrm{MA7}(t-1)$作为市场中产生与本产品缺陷相关的信息价值指标,其正负号表明缺陷信息对产品的正/负面影响,见表5.3。

表5.3 獐子岛公司鲜海参产品缺陷信息源数据

项目	日期				
	2011/9/14 $t=0$	2011/9/28 $t=1$	2011/10/19 $t=2$	2011/11/2 $t=3$	2011/11/15 $t=4$
股价	27.11	26.46	25.36	27.85	29.17
MA7	27.56	27	25.55	27.03	28.14
V_t	0	-0.56	-1.45	1.48	1.11
平均价格(元/千克)	7 416.67	7 416.67	7 416.67	7 416.67	7 416.67
替代品平均价格	5 250	5 280	5 300	5 290	5 275
产品预期价格	7 416.67	7 374.53	7 346.70	7 360.59	7 381.52

2. 传递空间的范围标准化

本书研究的传递空间纬度范围为34.31°N~58.05°N,距离为2 642.67 km,经度范围为107.23°E~138.60°E,距离为2 872.74 km。

3. 初始价值的确定

傅烨、郑绍濂认为产品价格是产品缺陷的下凸增函数,并将质量成本函数定义为$P=aV^2$。由于事故前顾客认为其价格真实反映了产品缺陷的真实情况,$t=0$时产品缺陷信息的价值$V=27.56$,因此,产品的缺陷信息价值与产品价格的函数为$P=9.765V^2$,初始价值如图5.8所示。

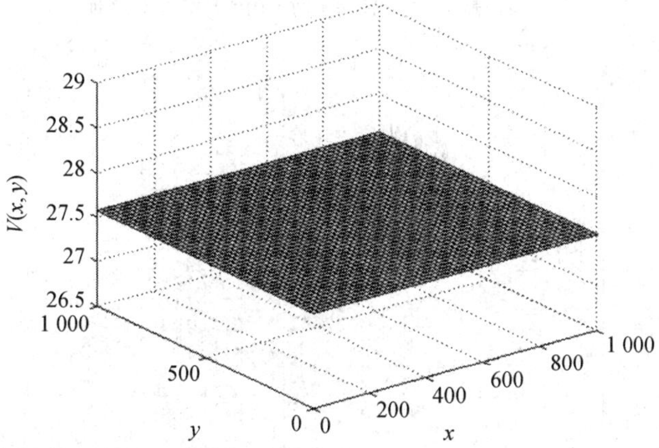

图 5.8　顾客购买决策系统的初始价值

4. 传递方向与缺陷感知能力的确定

当事故发生后 2 周($t=1$)时,根据固定销售地点及营业收入,使用笛卡尔坐标系绘制质量信息源及质量信息的传递方向和传递系数。由于篇幅限制,在此仅以獐子岛哈尔滨地区(630.28,41.81)销售点为例,如图 5.9 所示。对图 5.7的缺陷信息源和销售地点的消费人群发放 100 份调查问卷,共计 2 000 份问卷,得到顾客缺陷感知能力分布图,如图 5.10 所示。

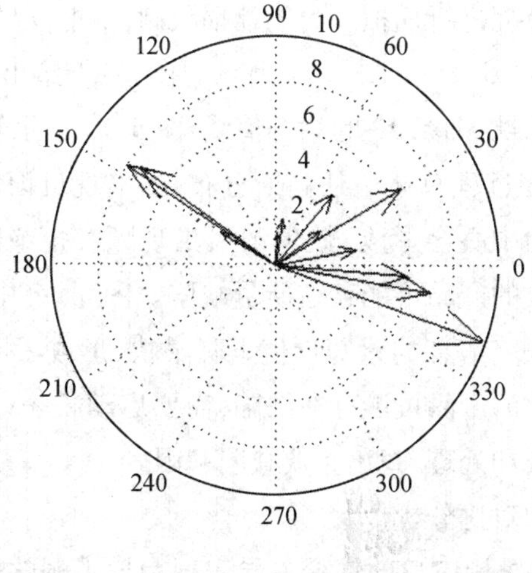

图 5.9　$t=1$ 时哈尔滨地区的缺陷信息传递方向

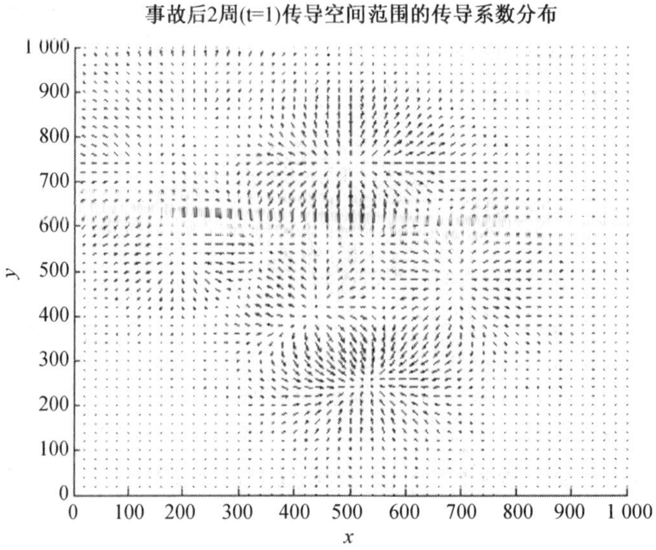

图 5.10　$t=1$ 时顾客缺陷感知能力分布

5.5.2　企业缺陷状态判定

1. 静态焓变的仿真模拟及结果分析

基于上述统计结果,利用随机游走模型对獐子岛的鲜海参产品在市场中缺陷信息传递的焓变过程进行模拟。由于篇幅限制,本书仅呈现 $t=1$ 时质量信息的焓变模拟结果,如图 5. 11 至图 5. 14 所示。图 5. 11 给出了 $t=1$ 时刻得到的各地顾客决策系统的焓,图 5. 12 为焓等值线,图 5. 13 表示焓黑洞。

缺陷信息的焓变过程总体服从高斯分布,当出现负面缺陷信息时,以缺陷信息源或销售地点为中心会形成“焓黑洞”,出现顾客拒绝购买产品的情况,说明企业在该地区投放的产品可能存在质量缺陷。图 5. 11 中,大连、京津唐和哈尔滨地区的顾客对缺陷信息的感知价值下降最快,形成了明显的“焓黑洞”,说明企业在该地区投放的产品可能存在缺陷,需要启动缺陷诊断机制对企业缺陷进行更为细致的调查和处理,找出企业缺陷基因。

2. 多时段焓变的对比分析

对于不同时间的质量信息的焓变差异表现为焓黑洞的范围差异,如图 5. 14 所示(图 5. 14 中网格线区域表示预期价值大于实际价值,即顾客拒绝购买产品)。

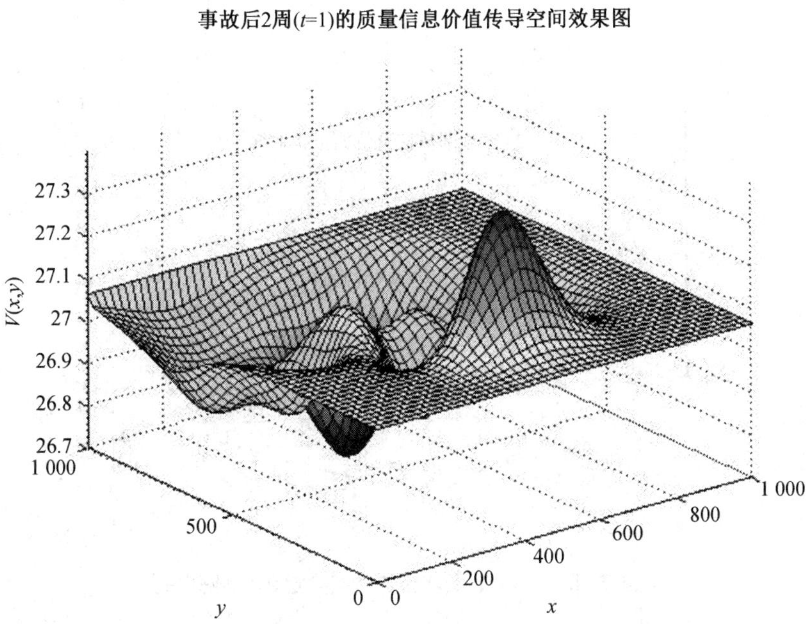

图 5.11　$t=1$ 时缺陷信息传递的焓变空间效果

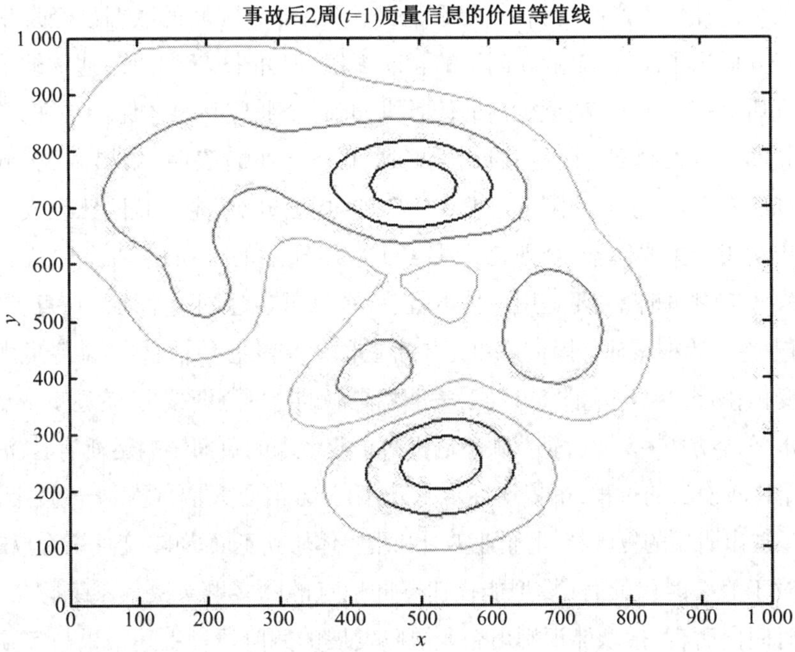

图 5.12　$t=1$ 时焓等值线

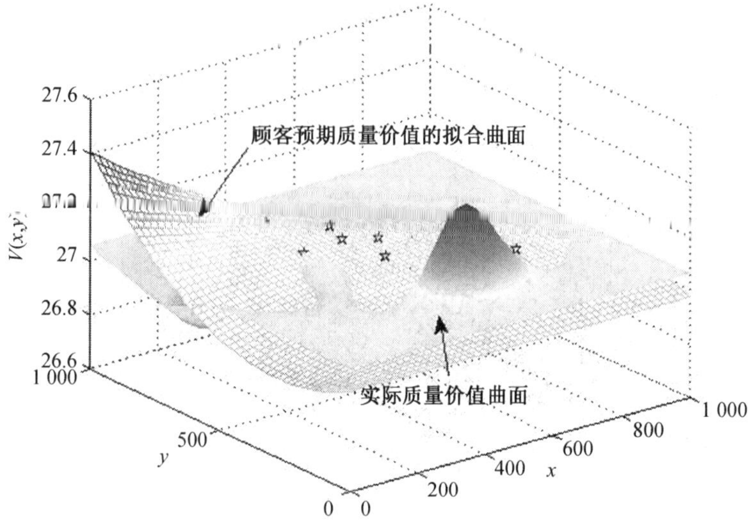

图 5.13　$t=1$ 时顾客拒绝购买产品的区域分布

图 5.14(a)说明当事故发生后 2 周($t=1$),在大部分区域内顾客购买决策系统的熔已经低于产品价格,熔黑洞已经出现,部分区域的顾客已经发现了缺陷信息并做出了反应,企业缺陷事故初现端倪,但并未达到顶峰,通常缺陷信息源出现后 1 ~2 周是解决危机的最佳时机,此时企业应与媒体保持友好关系,并建立新闻发言人制度,保证信息沟通畅通;图 5.14(b)表明“熔黑洞”区域已经扩大到所有区域,企业缺陷危机发生后 3 ~4 周会升级,企业缺陷已经成为了顾客拒绝购买的主要因素,企业已经失去了应对缺陷的主动权,在此阶段企业应启动媒体应对策略,主要是用一种声音、一个渠道传达同一个质量信息,利用政府、行业专家等权威途径限制或更正不准确的信息肆意传播,尽可能降低顾客效用的变化;图 5.14(c)和图 5.14(d)表明熔黑洞的范围逐渐减少,熔逐步恢复到危机前水平,通常 6 ~8 周后企业缺陷危机给企业带来的负面影响逐渐消退,消退期是一个比较漫长的过程,销售量逐步回升,第三方信心大增,企业士气逐渐高涨,企业呈现出明显的复苏特征,企业需要利用媒体树立正面影响,变危机为契机。

对于静态时段而言,模型能描述不同地点的顾客购买决策系统的状态;对于多时间段而言,模型能识别出企业缺陷发展的四阶段。上述结果与实际基本一致,说明随机游动模型对于企业缺陷信息传递的熔变有较好的模拟效果,对顾客购买决策的变化起到一定程度的解析作用。采用统计意义上的随机游走

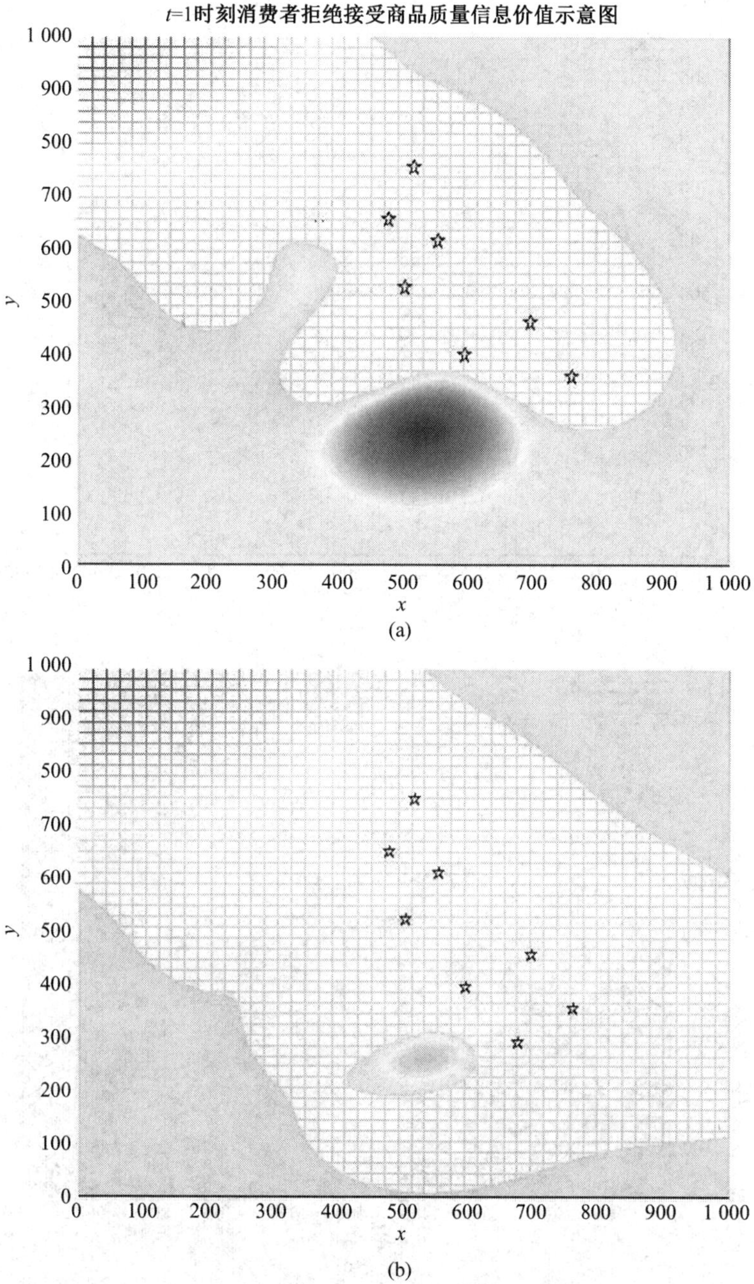

图 5.14　不同时刻顾客拒绝购买产品的区域对比图

$(a)t=1;(b)t=2;(c)t=3;(d)t=4$

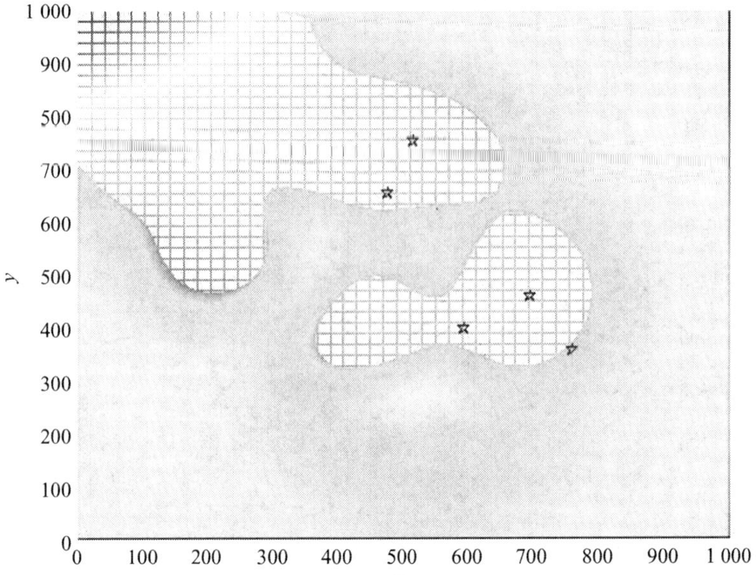

(c)

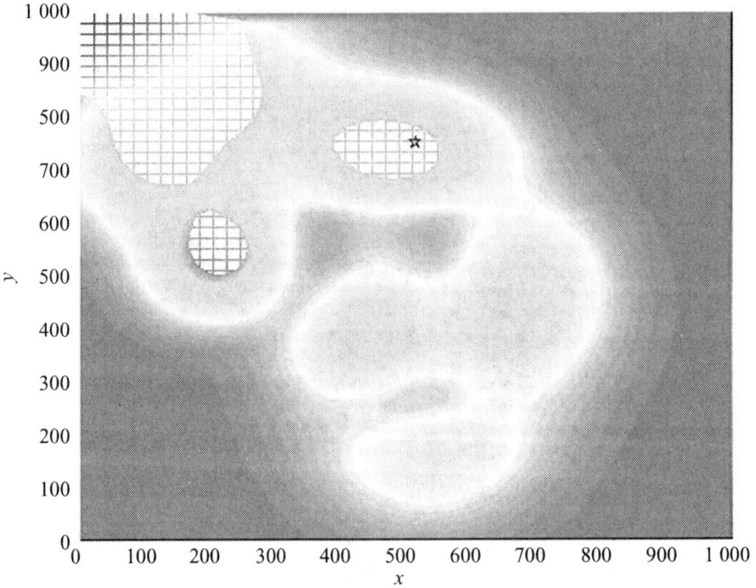

(d)

图 5.14　不同时刻顾客拒绝购买产品的区域对比图

$(a)t=1$；$(b)t=2$；$(c)t=3$；$(d)t=4$

方法对顾客的购买决策进行预测，能够减少数据收集和计算的需求，可应用于企业缺陷管理的实际操作，为其提供了理论依据。

5.5.3　企业缺陷基因的确定

图5.15反映了Z企业哈尔滨地区销售网点2011年9月份的退、换货事件分布情况。通过对内审数据和消费者反馈数据分析得到，9月份主要退、换货事件23起，涉及金额7.45万元，该销售点的月销售总额为184.45万元，产品的缺陷率达到4.03%，量也比较大，需要对企业缺陷进行诊断。由于此次企业缺陷诊断的实施是由顾客索赔、退换货或抵制购买等直接原因引起的，因此，企业决定结合顾客反馈调查问卷使用帕累托图进行企业缺陷基因分析。

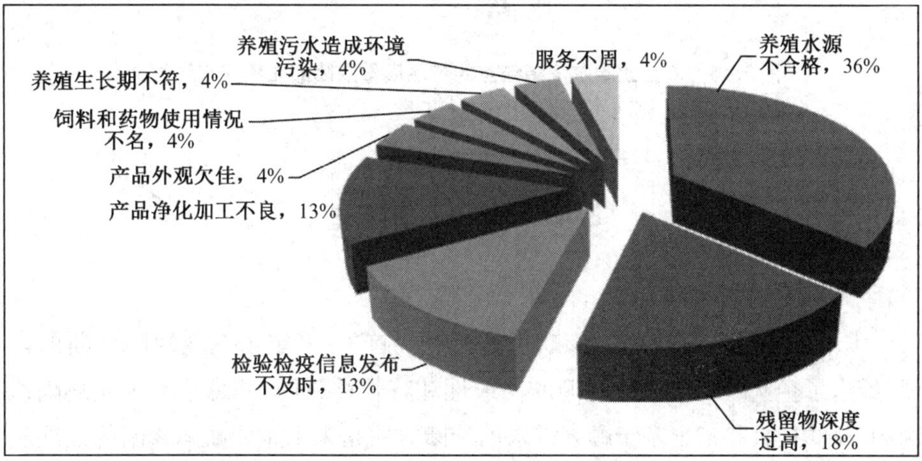

图5.15　Z企业哈尔滨销售点的退换货事件统计图

通过消费者的缺陷反馈信息和内部质量审核表的调查结果进行帕累托原则分析后发现，导致顾客索赔、退换货或抵制购买的现象主要有以下九种原因：残留物浓度过高、养殖水源不合格、检验检疫信息发布不及时、产品外观欠佳、产品净化加工不良、饲料和药物使用情况不明、养殖生长期不符、养殖污水造成环境污染和服务不周，如图5.16所示。

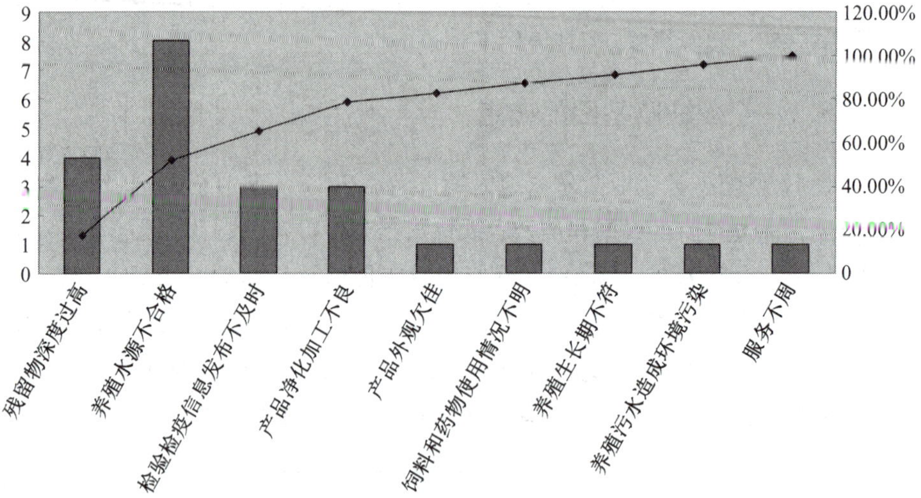

图 5.16 Z 企业哈尔滨销售点的产品质量缺陷的帕累托统计图

5.6 本章小结

本章主要对企业缺陷的诊断进行研究。首先,界定了企业缺陷诊断的内涵,给出了企业缺陷诊断应遵循的一般性和特殊性原则,并总结了企业缺陷诊断的三种方法,并指出基于顾客需求的诊断方法是未来企业缺陷诊断的发展趋势;其次,研究了顾客与企业缺陷信息之间的关系,包括顾客获取缺陷信息的方法、顾客对缺陷信息的反应模式以及顾客对企业缺陷信息的作用机理;第三,建立了基于顾客缺陷感知的企业缺陷判定准则,将顾客对缺陷价值的感知作为衡量企业缺陷存在与否的标准,这符合"大质量"管理的基本理念;第四,简要介绍了企业缺陷基因的分析工具;最后,利用实证研究发现 Z 企业存在企业缺陷,对缺陷基因进行确认,为企业缺陷的诊断提供了实践参考。

第 6 章　企业缺陷的治疗研究

6.1　企业缺陷的治疗内涵

6.1.1　医学治疗到企业缺陷治疗的隐喻化

医学中的“治疗”通常是指干预或改变特定健康状态的过程。按控制论的解释,治疗就是指施控主体对受控客体的一种能动作用,这种作用能够使得受控客体根据施控主体的预定目标而动作,并最终达到这一目标。

由于企业仿生化和企业缺陷的类病特征使得企业缺陷治疗过程与医学治疗过程有很强的相似性,二者都具有明确治疗需求、考虑病人承受力和治疗类型的选择等功能,目标都是清除病毒,恢复生命体的健康两者的隐喻化关系如图 6.1 所示。

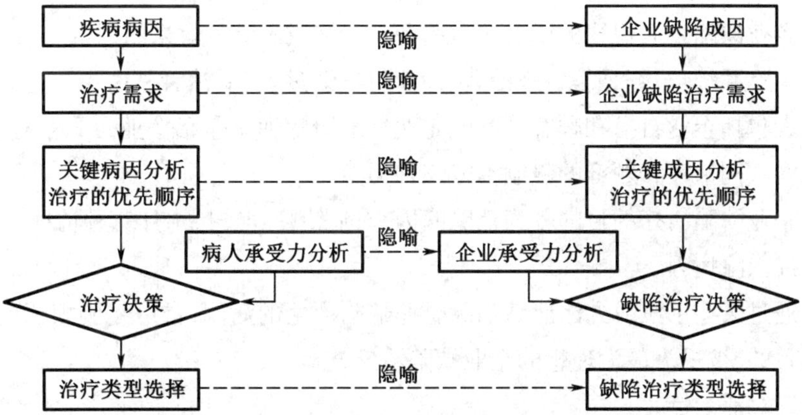

图 6.1　医学治疗到企业缺陷治疗的隐喻化关系图

医学治疗的步骤：

①根据疾病的性质确定治疗的需求。治疗的第一步是根据疾病的性质确定疾病治疗的价值和需求。

②分析疾病成因的关键程度，确定病因的治疗优先顺序。医护人员要根据疾病的成因对疾病发展的影响程度确定病因的优先治疗顺序，确保疾病最快得到控制。

③评价病人对治疗措施的承受能力。治疗过程必然会对病人产生损害，因此在确定治疗方案的时候要充分考虑病人的承受能力。

企业缺陷的治疗步骤：

①根据企业缺陷的性质确定治疗的需求。通过企业表现出的缺陷症状及严重程度来确定企业缺陷治疗的需求。

②分析缺陷成因的关键程度，确定缺陷成因的治疗优先顺序。由于企业资源有限，企业需对企业缺陷的成因进行排序，优先治疗影响大的缺陷成因。

③考虑企业对治疗措施的承受力。企业缺陷的治疗必然涉及企业资源的投入，在制定企业缺陷治疗方案时必须考虑企业对治疗方案的承受能力。

6.1.2 企业缺陷治疗的界定

为消除或减少企业缺陷带来的影响，并保证企业重新回到可接受缺陷水平运行状态而采取的作业技术和活动称为企业缺陷的治疗，通常包括企业缺陷的去危害化和企业缺陷的赔偿两种企业行为。也就是说，企业缺陷的治疗是为了消除企业缺陷发展规律的所有阶段引起不合格或不满意效果的因素。

治疗系统包括三要素：施治者、治疗与反馈过程、受治者。由于企业缺陷的施治者包括企业自身和顾客，因此，企业缺陷治疗通常包括企业自我治疗、企业与顾客共同治疗和顾客的强制治疗三种类型。

企业缺陷治疗的目的分为消除病因、对症治疗和支持治疗三种情况。

1. 消除病因

通过某些手段或方法能够消除企业缺陷产生的病因，常可达到根治的企业缺陷目的，被视为最为理想的企业缺陷治疗方案。

2. 对症治疗

治疗的目的不在于消除病因，而在于解除某些症状。在现代医学中，虽然有时病因不明或虽已知，但无法消除，或症状本身构成对生命的威胁时，对症治疗就是必要的正确的选择。企业缺陷的对症治疗是指企业无法消除缺陷产生的根本原因而采取的尽可能减少企业缺陷带来的影响的措施。例如,企业无法保证100%的产品合格率,企业在生产后采取质量检验的方式剔除掉不合格的产品,避免产品缺陷给顾客带来危害。又例如,企业的生产过程必然会产生污染环境的废物,企业采用相应的污染处理设备尽可能减少污染的排放量以达到法律法规所容许的标准。

3. 支持治疗

治疗的目的既不是消除病因,也不针对某些症状,而是为了改善病人的一般情况,如营养、精神状态等。企业缺陷的支持治疗是指企业为了避免因其缺陷而造成的顾客报复行为。例如,对缺陷进行赔偿,发布企业缺陷出现或处理的相关信息。

6.1.3　企业缺陷治疗的原则

企业缺陷治疗应遵循原则具体如下。

1. 企业生存原则

对企业缺陷进行治疗应充分考虑治疗策略给企业带来的伤害,正如医学治疗要考虑病患的身体承受能力,在保证企业更好地生存下去的前提下,尽量减少企业缺陷带来的危害。

2. 整体治疗原则

医学中整体治疗不是单纯以去除病因缓解症状为目的,而是要解除病痛和强身健体统筹兼顾,从全局角度看待和解决问题。企业缺陷的整体治疗就是从企业全局角度消除任何产生企业缺陷的原因,确保企业不再出现此类缺陷。

3. 对症治疗原则

医学中的对症治疗是指无法明确病因或病因无法完全消除而采取的消除症状的治疗方式。企业缺陷的对症治疗则是针对企业生命体出现企业缺陷的部位采取消除缺陷症状的治疗方式。例如,针对生产技术必然带来的环境污染,企业采取相应的环保措施将污染排放降到合乎国家标准的范围内。

4. 动态化治疗原则

由于企业缺陷是不断发展和变化的,导致企业生命体的健康状态也呈现不同的状态,为此治疗手段和方法也应进行相应的改变。对待企业缺陷管理不能因循守旧,做决策时只能以事实为依据,并对企业缺陷的发展状态进行跟踪,以达到全面掌握信息做出科学合理的决策,才能有效治理企业缺陷,防范企业疾病的发生。

5. 闭合治疗原则

企业缺陷的管理包括诊断、治疗、预防三个环节，这些管理活动在企业中是循环进行的。因此，企业缺陷的治疗中应充分考虑与其他管理活动的衔接和闭合，保证企业一旦发现企业缺陷就能彻底、及时地进行处理。

6.2 基于 QFD 的企业缺陷关键基因分析

6.2.1 关键基因分析的作用

意大利学者帕累托提出了著名的 80/20 法则，即重要因素约占 20%，不重要的因素则占 80%。因此，企业缺陷的治疗过程中要分清优先次序和重点，将 80% 的时间和精力用于治理 20% 的关键成因。

企业缺陷的关键基因分析是指企业对诊断步骤识别出缺陷的全部基因进行重要程度的排序。关键基因分析的目的是对影响企业缺陷产生的基因进行重要度排序，排序越靠前对企业缺陷治疗的影响越大。企业缺陷基因通常采取“二八原则”进行优先治疗，即企业缺陷是由 20% 的缺陷基因造成的，换句话说，有效地治疗前 20% 的关键基因就能够对企业缺陷进行有效的管理。按照严重性、紧急程度、可治疗性等评价准则对关键基因分析应按照企业所属行业及企业生产运营状态编制重要性排序表，排序遵循影响越大越重要的原则。

6.2.2 QFD 的引入

本书将企业缺陷的治疗看作产品，将企业缺陷治疗的利益相关方需求类比为顾客需求，通过对治疗需求分析，并将其转换成治疗要素，利用质量功能展开过程来识别企业缺陷的关键治疗要素。

质量功能展开(Quality Function Deployment，QFD)是通过一系列图表和矩阵来完成的，由这些矩阵和图表的结合类似于房屋的形状，被形象地称为“质量屋”(HoQ，House of Quality)，它是驱动整个 QFD 过程的核心。本书参照质量屋的理论模型，构建了企业缺陷关键基因的识别质量屋，如图 6.2 所示。

质量屋反映了企业缺陷的治疗因素之间的自相关程度以及企业缺陷治疗需求与各个治疗因素之间的相关性程度。其结构为：

①质量屋的左墙是 WHATs 矩阵，描述了企业缺陷的治疗需求；

②天花板是 HOWs 矩阵，给出了治疗哪些因素可以消除企业缺陷；

③中间的房间是相关性矩阵，表示 WHATs 项与 HOWs 项的相关关系；

④右墙是 WHYs 矩阵，给出了顾客需求对企业缺陷治疗的影响权重，即治疗的可行性评价；

⑤质量屋的屋顶是各个治疗要素的自相关程度；

⑥房间下层的地板是评价矩阵，用于评价治疗因素的重要度，是识别关键治疗因素的决定性指标。

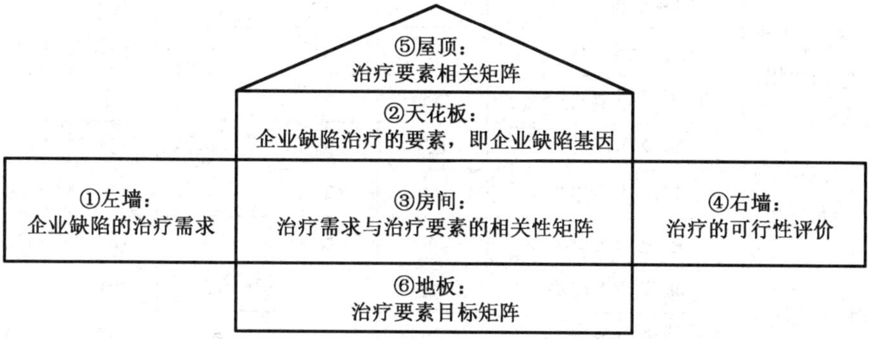

图 6.2　企业缺陷关键基因的识别质量屋

6.2.3　关键基因分析的计算步骤

1. 企业缺陷治疗需求及其权重的确定

首先确定企业缺陷治疗的利益相关方需求，通过文献统计、文件查阅及问卷调查等方法识别企业缺陷治疗的利益相关方需求，并记为 $x_i, i=1,2,\cdots,n$，具体步骤如下。

(1)企业缺陷治疗的利益相关方确认

企业缺陷管理的直接受益者包括政府、顾客和企业三个主体。其中，政府是企业缺陷管理的间接利益相关方。由于企业将监管权力委托给政府，政府非常重视企业缺陷管理水平；顾客是企业缺陷的直接受害者，顾客的需要是尖锐而直接的，所以顾客对企业缺陷治疗的需求也是不容忽视的；企业是缺陷的产生主体，不仅会在缺陷产生过程中受到影响，还会因为顾客的赔偿要求或政府的行政处罚而造成更大的二次影响。因而，企业必然关注自身缺陷治疗。

(2)利益相关方需求的确定

通过查阅文献 337 份、政府文件 145 份以及发放 107 份调查问卷，分析了利益相关方需求的前三项需求项(问卷见附录B),需求统讲汇总见表6.1。

表6.1 企业缺陷治疗的利益相关方需求统计汇总

企业缺陷治疗的利益相关方需求			基于文献	基于文件	基于问卷	总计	权重
政府需求	信息沟通顺畅化	缺陷发生后及时上报	52	75	–	127	3.02
		缺陷处理信息及时上传	63	44	–	107	
		缺陷处理意见及时下达	79	67	–	146	
	社会影响最小化	正确有效的引导舆论	59	46	–	105	2.73
		保持社会的稳定	60	81	–	141	
		减小对环境的影响	55	43	–	98	
	缺陷控制有效化	减少伤亡人数	127	97	–	224	4.09
		降低缺陷损失	84	84	–	168	
		避免二次事故	59	64	–	123	
企业需求	直接损失最小化	减少经济损失	113	–	88	201	4.94
		减少设备损失	86	–	62	148	
		减少员工伤亡	194	–	79	273	
	企业影响最小化	保持企业公众形象	34	–	12	46	0.91
		尽早恢复正常生产	22	–	13	35	
		减小对企业凝聚力的影响	31	–	2	33	
	应急反应有效化	尽早发现缺陷	158	–	80	238	3.90
		尽快控制缺陷发展态势	166	–	86	252	
公众需求	缺陷处理透明化	缺陷发生后及时通报	134	–	78	212	4.78
		公开缺陷处理过程	107	–	60	167	
		及时公布缺陷处理结果	155	–	67	222	
	环境影响最小化	缩小缺陷影响的范围	146	–	65	211	3.06
		缩短缺陷持续的时间	123	–	51	174	
	缺陷赔偿合理化	及时进行赔偿	43	–	17	60	1.29
		适当的赔偿方式	59	–	12	71	
		足额的赔偿	22	–	9	31	
文献、文件、调查问卷基数			377	145	107	629	

(3)利益相关方需求重要度确定

由表6.1统计所得出的各类利益相关方需求的权数依次为380,344,515,622,114,490,601,385,162,其基数为629。将统计结果进行李克特5级评分表换算,得出利益相关方需求的权重分别为3.02,2.73,4.09,4.94,0.91,3.9,4.78,3.06,1.29。

2. 确定企业缺陷基因及自相关矩阵

选择前文在5.4节中已经介绍的企业缺陷基因分析工具确定企业缺陷的基因,记为$y_j, j=1,2,\cdots,m$。企业缺陷基因相互之间也存在各种关系,有时某些要素的改进会影响其他要素。因此,还需要对企业缺陷基因之间的相关性进行,本书通过向顾客或专家发放调查问卷的方式获取缺陷基因的自相关矩阵,记为$\boldsymbol{P}$。

3. 确定顾客需求与缺陷基因之间的互相关矩阵

通过关系矩阵来描述缺陷基因对顾客需求的影响程度。本书通过调查问卷获取两者相互之间的关系强度,相关程度如表6.2中第一列符号所示。

表6.2　相关程度符号表

符号	分值	相关程度
◎	5	强相关
○	3	中等相关
△	1	弱相关
空白	0	不相关

4. 企业缺陷治疗的利益相关方需求权重的确定

首先,采用李克特5级评分表确定利益相关方需求对基因的关注程度,即利益相关方需求权重,5表示非常重要,1表示非常不重要;其次,通过企业内部审核和顾客反馈调查来反映企业缺陷治疗的利益相关方满意程度,其中5表示非常满意,1表示非常不满意;第三,以企业稳态的健康标准,制定企业缺陷的治疗目标,并通过式(6-1)计算治疗提高率;最后,通过式(6-2)和式(6-3)计算顾客对企业缺陷治疗需求的绝对权重和相对权重,有

$$\text{治疗提高率} = \frac{\text{治疗目标}}{\text{顾客满意度}} \tag{6-1}$$

$$顾客需求的绝对权重 = 重要度 \times 治疗提高率 \tag{6-2}$$

$$标准化值 = \frac{绝对权重}{\sum 绝对权重} \times 100\% \tag{6-3}$$

5. 治疗要素的重要程度的确定

用 h_k 表示治疗要素重要程度，用 q_i 表示利益相关方需求的重要度标准化值，用 r_{ik} 表示利益相关方需求与治疗要素的相关性系数，那么，治疗要素重要度及其标准化为

$$h_k = \sum q_i r_{ik} \tag{6-4}$$

$$治疗要素的重要度标准化 = \frac{h_k}{\sum h_k} \times 100\% \tag{6-5}$$

6.3 企业缺陷治疗类型及企业承受能力分析

6.3.1 企业与顾客的静态博弈

假设顾客对企业采取“监督”或“不监督”两种策略，而企业对企业缺陷会采取“治疗”或“不治疗”两种策略。当顾客采取监督策略时，需要付出因监督而产生的成本为 c，采取监督策略的概率为 p；设企业的利润 π 依赖于产量 Q，即 $\pi = \pi(Q)$，且企业缺陷的产生量和产量正相关，即 $Z = Z(Q)$，它表示若企业采取不治疗策略会导致顾客的需求变化 Z，同时会向顾客缴纳税金 T，即 $T = T(Q)$。假定企业资源有限，企业用来治疗企业缺陷的成本会直接减少企业的产量 λQ，进而减少利润，因此本书假定企业选择治疗策略的成本为 $\lambda\pi$，企业采取治疗策略的概率为 q。企业采取不治疗策略被顾客监督发现的概率为 p，被发现后企业需支付赔偿金 F。企业缺陷治疗的静态博弈模型见表 6.3。

表 6.3 企业缺陷治疗的静态博弈模型

		B 顾客	
		监督(p)	不监督(1-p)
A 企业	治疗(q)	$(1-\lambda)\pi,(1-\lambda)T-c$	$(1-\lambda)\pi,(1-\lambda)T$
	不治疗(1-q)	$\pi-Z-F,T+F-c$	$\pi-Z,T$

企业和顾客的期望收益分别为

$$E(A)=p[(1-\lambda)\pi q+(1-\lambda)\pi(1-q)]+(1-p)[(R-Z-F)q+(R-Z)(1-q)] \tag{6-6}$$

$$E(B)=q\{[(1-\lambda)T-c]\cdot p+(T+F-c)\cdot(1-p)\}+(1-q)[(1-\lambda)\cdot T\cdot p+T\cdot(1-p)] \tag{6-7}$$

对式(6-6)和式(6-7)进行求导,得到企业和顾客的最优条件为

$$\partial E(A)/\partial p=0$$

$$\partial E(B)/\partial q=0$$

解得

$$q^*=\frac{Z-\lambda\pi}{F} \tag{6-8}$$

$$p^*=1-\frac{c}{F} \tag{6-9}$$

此博弈中,企业获得最优收益的概率与顾客的需求变化 Z、治疗成本 $\lambda\pi$ 和处罚金 F。顾客的需求变化 Z 越大、企业治疗成本 $\lambda\pi$ 越低、处罚金 F 越高,企业采取治疗策略的概率越大;而监督成本 c 越高,处罚金 F 越低,则顾客选择不监督的可能性越大。

该纳什均衡表明:当 $p\in\left[0,\frac{Z-\lambda\pi}{F}\right)$,企业不治疗企业缺陷;当 $p\in\left(\frac{Z-\lambda\pi}{F},1\right]$,企业主动治疗企业缺陷;当 $q\in\left[0,1-\frac{c}{F}\right)$,顾客选择监督企业的治疗过程;当 $q\in\left(1-\frac{c}{F},1\right]$,顾客选择不监督企业的治疗过程。

6.3.2 企业缺陷治疗类型分析

由前文分析可知,企业缺陷的治疗可分为自我治疗、外引治疗、强制治疗三

种类型。

1. 自我治疗

自我治疗是指企业生命体对自身健康状态的主动掌握,调整自己的动机与行动,主动消除企业缺陷带来的影响,以达到所预定的健康目标的自我实现过程。例如,企业向政府和顾客通报风险预警信息、主动实施缺陷赔偿和去危害化作业等措施消除企业缺陷对企业造成的影响。

企业直接对企业缺陷负责,直接面对顾客的诉求和需要,承担对企业缺陷带来的赔偿和去危害化处理责任,如图 6.3 所示。

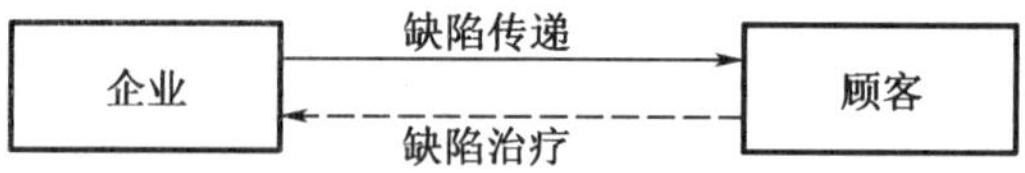

图 6.3　企业缺陷的自我治疗模式

在此模式下,企业对企业缺陷的处理起主导作用,企业承担了企业运营整个过程的缺陷责任和全部费用,企业投资建设专门的缺陷处理系统,提高企业缺陷处理的专业化能力,但是将付出较大的资金代价。企业自我治疗使企业可以根据顾客反馈及时掌握企业缺陷的具体情况,具有快速信息反馈的能力,及时了解企业可能存在的缺陷,提高企业缺陷治疗工作的效率。同时,企业熟知缺陷产生的第一手信息和发生过程,能够有效缩短缺陷治疗的时间,降低因企业缺陷带来的衍生损害。此外,自我治疗能够帮助回收具有再利用价值的资产,通常若企业缺陷出现的次数较为频繁、回收再利用价值较大、潜在危害严重,企业会选择自我治疗。

2. 外引治疗

外引治疗在自我治疗失效或自我治疗无法解决而不属于强制治疗的范围内,引入第三方力量对企业缺陷进行治疗,通过一系列的融合和操作提升企业本身的自我治疗能力,消除企业缺陷对企业的影响,如图 6.4 所示。

图 6.4　企业缺陷的外引治疗模式

外引治疗是由第三方主导的治疗模式，将企业缺陷转移给第三方（如销售商、批发商和代理商等），并由第三方优先承担企业缺陷的去危害化责任和顾客赔偿要求，最后由企业向第三方支付相应费用的企业缺陷处理方式，因此企业间接承担了企业缺陷负责。企业与第三方建立了委托代理关系，利用外引治疗模式解决企业不仅承担了责任，还能减少企业处理缺陷的直接投资以及对企业声誉的影响，实现了企业缺陷治疗需求的快速响应，分散了企业风险，缓和企业自身的限制。

外引治疗给企业带来的优势：

①缓和对企业的规制，减少顾客对企业的直接干预，扩大企业的自由空间；

②依法对企业进行管理，顾客对企业实施某种程度的管理时必须有法律依据，国家法律严格限制顾客的权限；

③加强对企业的监督，顾客和企业的关系朝着法律化、制度化方向发展，在有效的发挥市场机制作用的基础上确保企业的自主权，同时在宏观上较好的行使政府的调控功能；

④顾客与企业间的关系日益密切，顾客采取多种方式支持和鼓励企业的发展，企业在最大限度上与顾客积极的合作。

3. 强制治疗

强制治疗是指政府根据相关法律完全控制企业的运营过程以避免企业缺陷的发生和发展，维护公共利益和社会秩序，保护公民的合法权益。按照风险发生的原因、危害程度、治疗需求等，采取停产整顿、强制召回、退运或销毁、吊销备案资格以及通报地方政府和有关部门等一项或多项措施来实施强制治疗，如图 6.5 所示。

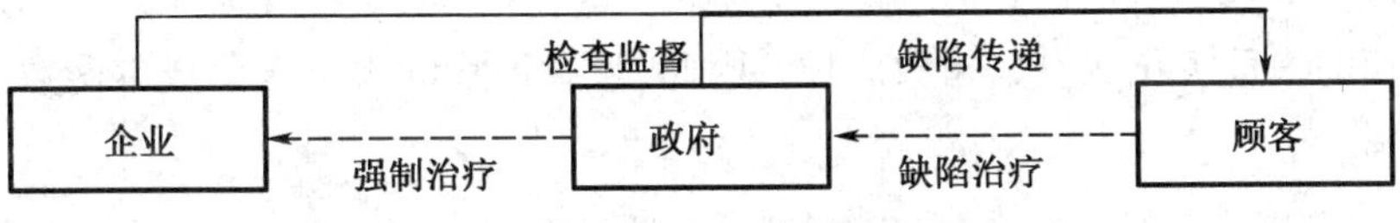

图 6.5　企业缺陷的强制治疗模式

强制治疗要求企业优先处理企业缺陷，导致企业销售活动基本停止，企业无法从销售中获利，完全承担企业缺陷的治疗成本。顾客通过政府对企业缺陷采取强制治疗的方式可弥补资源配置失灵的缺点，具有规划、统筹企业缺陷管理的作用，其特点为：

①顾客与企业的治疗关系是完全治疗与完全被治疗的关系,该治疗是全方位、多层次的;

②政府采取单一的行政手段对企业实施治疗,对企业承担无限责任,向企业无偿提供资金,收取全部利润;

③企业是政府的附属物,无独立经营决策权,不必承担任何治疗风险。

6.3.3 梯度治疗的成本收益分析

董贵滨等提出了顾客与企业之间的和谐治疗模式,论述了自我治疗、外引治疗和强制治疗的影响因素和实施路径,如图 6.6 所示。本节将对三种治疗类型的成本收益进行详细分析。

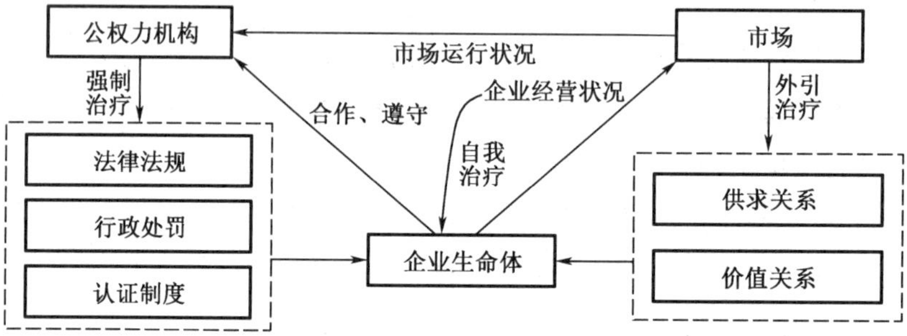

图 6.6 企业缺陷的梯度治疗的影响因素和实施路径

1. 自我治疗的成本收益分析

自我治疗是企业完全利用自己的能力去消除企业缺陷的影响以满足顾客的需求,顾客基本不干预企业缺陷的治疗过程。本书假定缺陷率为 m,在低缺陷率情况下,企业自行实施去危害化的成本很低,但超过某一临界点后企业自我治疗的去危害化成本呈指数成长。因此,自我治疗的去危害化成本函数可以表示为

$$\lambda\pi = e^{\mu m} \qquad (6-10)$$

本书在郑云虹提出的模型基础上进行扩展,对自我治疗的企业收益进行分析,本书先定义相关变量并给出若干假设,具体如下。

企业无缺陷的生产成本以存在缺陷的方式的生产成本为 c_1,企业以存在缺陷的方式的生产成本为 c_2,Δ 表示因为无缺陷生产和缺陷生产的成本差额,即

$$\Delta = c_1 - c_2$$

式中　Q——企业的总产量，则自我治疗的单位产品去危害化成本为 $c_3 = e^{\mu m}/Q$；

p——产品或服务的售价，由企业决定；

γ——企业为企业缺陷支付的单位产品赔偿价格；

m——企业缺陷率，即企业用存在缺陷的生产方式生产产品的比例；

π——企业实施治疗的收益。

①假设顾客是完全理性人且掌握企业缺陷的全部信息。因此，企业需要对所有缺陷产品进行赔偿和去危害化，即企业缺陷赔偿率和去危害化率均等于企业缺陷率。

②假设企业缺陷率越大则企业缺陷的危害越大，企业缺陷的危害越大则顾客要求的单位产品赔偿价格越大。因此，企业缺陷率 m 与单位产品赔偿价格 γ 呈指数关系，$m = A\gamma^B \leqslant 1$，$A$，$B$ 均为正常数，其中，$0 < B < 1$。

③假设顾客对企业产品或服务的需求是产品价格 p 的线性函数，即 $Z = E - \lambda p$，E，λ 均为大于正常数。由于企业对缺陷全部处理，因此，需求函数不会受到企业缺陷影响。

因此，企业进行自我治疗的收益函数表示为

$$\max\pi = (E - \lambda p)[p - c_1 + A\gamma^B(\Delta - \gamma - c_3)]$$

对 p 和 γ 分别求偏导数可得

$$\begin{cases} \dfrac{\partial\pi}{\partial\gamma} = (E - \lambda p)AB\gamma^{B-1}(\Delta - \gamma - c_3) - (E - \lambda p)A\gamma^B = 0 \\ \dfrac{\partial\pi}{\partial p} = E - \lambda p - \lambda p + \lambda c_1 - \lambda A\gamma^B(\Delta - \gamma - c_3) = 0 \end{cases}$$

解得

$$\begin{cases} p^* = \dfrac{E + c_1}{2\lambda} - \dfrac{AB^B}{2\,(1 + B)^{1+B}}(\Delta - c_3)1 + B \\ \gamma^* = \dfrac{B}{1 + B}(\Delta - c_3) \end{cases}$$

企业进行自我治疗的最大收益为

$$\pi^* = \frac{\left[(E + \lambda c_1)(1 + B) + \lambda A\left(\dfrac{B}{1 + B}\right)^B(\Delta - c_3)^{1+B}\right]^2}{8\lambda\,(1 + B)^2}$$

2. 外引治疗的成本收益分析

外引治疗通过引入第三方的力量来治疗企业缺陷，由于第三方投入了大量的专用资产用于缺陷处理，因此，在低缺陷率区间无法发挥规模效应，去危害化成本比自我治疗时要高；在某段适宜的缺陷率区间内，第三方的规模效应和技术优势逐步显现，在此区间内去危害化成本明显下降；但随着缺陷率不断上升，第三方的去危害化成本也会逐步升高。因此，外引治疗的去危害化成本在低合格率区间因专用资产投入和未实现规模经济而高于自我治疗，在高缺陷率区间因规模经济和技术优势使得去危害化成本明显低于自我治疗，形成类似于二次函数的成本曲线，其表达形式为

$$\lambda\pi = am^2 + bm + c \tag{6-11}$$

外引治疗与自我治疗不同，它涉及第三方这一角色。因此，需要对变量进行重新定义，具体如下：

①p'表示产品或服务的售价，由第三方决定；

②γ 表示第三方为企业缺陷支付的单位产品赔偿价格；

③p 表示企业将产品或服务转售给第三方的价格，企业自行决定；

④τ 表示企业向第三方支付的缺陷治疗成本。

外引治疗的单位产品去危害化成本为

$$c_4 = (am^2 + bm + c)/Q$$

设企业、第三方为理性人，追求自身收益最大化，则企业进行外引治疗的收益函数为

$$\max\pi = (E - \lambda p')[p - c_1 + A\gamma^B(\Delta - \tau)] \tag{6-12}$$

$$s.\ t.\ \max\pi' = (E - \lambda p')[p' - p + A\gamma^B(\tau - \gamma - c_4)]$$

求解得到各参数为

$$\begin{cases} p^* = \dfrac{E + \lambda c_1}{2\lambda} - \dfrac{AB^B}{2\ (1+B)^{1+B}}(\Delta - c_4)1 + B \\ \tau^* = \Delta \\ p'^* = \dfrac{1}{4}\left[c_1 + \dfrac{3E}{\lambda} - \dfrac{A}{1+B}(B(\Delta - c_4)1) + B\right] \\ \gamma^* = \dfrac{B}{1+B}(\Delta - c_4) \\ m^* = A\left(\dfrac{B}{1+B}\right)^B(\Delta - c_4)B \end{cases}$$

将各参数代入式(6－12)得到企业进行外引治疗的最大收益为

$$\pi^* = \frac{\left[(E+\lambda c_1)(1+B)+\lambda A\left(\frac{B}{1+B}\right)^B(\Delta - c_4)^{1+B}\right]^2}{8\lambda(1+B)^2}$$

3. 强制治疗的成本收益分析

强制治疗是企业完全交出运营权，顾客完全了解企业缺陷的治疗过程，他们仅是按需要投入必需的成本来执行治疗功能。因此，强制治疗的去危害化成本与合格率呈正比例关系，形成类似于带斜率的直线成本，表达形式为

$$\lambda\pi = km + d \tag{6-13}$$

由于政府与顾客的利益是一致的，因此，强制治疗的企业收益与自我治疗基本相同，唯一的差异是去危害化成本差异。

4. 三种治疗类型的讨论

(1)对治疗类型选择的讨论

根据前三节分析，当单位产品去危害化成本 $c_3 = c_4$ 相同时，企业为企业缺陷支付的单位产品赔偿价格 γ、企业缺陷率 m、企业实施治疗的收益 π 均相同，说明企业选择治疗类型的决定性因素是不同治疗类型之间单位产品去危害化成本的比较。本书将三种治疗类型的成本曲线放入同一坐标系进行比较，企业缺陷的梯度治疗成本与最优治疗区域，如图 6.7 所示。

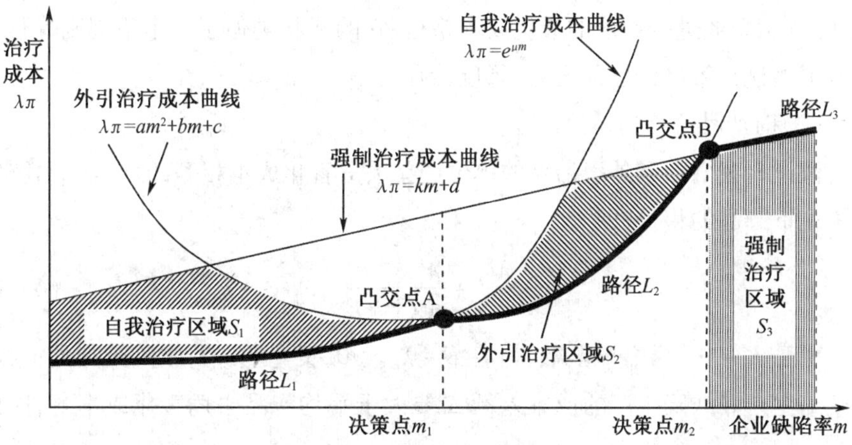

图 6.7 企业缺陷的梯度治疗成本与最优治疗区域

将式(6－10)、式(6－11)和式(6－13)代入式(6－8)组成方程组为

$$\begin{cases} q_1 = \dfrac{Z \quad c^{\mu m}}{F} \\ q_2 = \dfrac{Z-(am^2+bm+c)}{F} \\ q_3 = \dfrac{Z-(km+d)}{F} \end{cases} \tag{6－14}$$

企业进行治疗类型的决策原则是优先选择概率最大的治疗类型确保最大的外部收益。由图6.7可知，三种治疗类型的去危害化成本曲线有2个凸交点A和B，它们对应的缺陷率分别为m_1和m_2。若顾客需求变化Z和处罚金F都是相同的，则有：

①当$m\in[0,m_1)$时，有$q_1>q_2>q_3$，企业应选择自我治疗来治理企业缺陷；

②当$m\in[m_1,m_2)$时，有$q_2>q_1>q_3$，企业应该采取外引治疗治理企业缺陷；

③当$m\in[m_2,100\%]$时，有$q_3>q_2>q_1$，当企业缺陷率过高且不愿意承担昂贵的去危害化成本，此时企业应选择接受政府的强制治疗，让顾客完全了解并承担企业缺陷治疗的难度和高成本，这种情况实际上是不符合商业道德的，但是出于对企业生命体的健康考虑，这是一种下下策。

图6.8是顾客的收益、成本和“外部效应”抵消曲线图，三段加粗的线条L_1、L_2、L_3表示企业进行治疗的最优成本路径，它的形状类似于一个不规则梯形，因此本书将这种策略治疗称之为“梯度治疗”。

(2)对产品价格的讨论

假设自我治疗和外引治疗的单位产品去危害化成本相等，即$c_3=c_4$，比较两种模式下产品的售价，即

$$p'^{*}-p^{*}=\frac{E-\lambda c_1}{4\lambda}+\frac{A}{4}\frac{B^B}{(1+B)^{1+B}}(\Delta-c_4)^{1+B} \tag{6－15}$$

由于$E-\lambda c_1$为需求函数，恒有$E-\lambda c_1\geqslant 0$，又企业进行缺陷治疗的前提是无缺陷生产和缺陷生产的成本差额Δ要大于平均产品去危害化成本c_4，因此，有$\Delta-c_4>0$，故式(6－15)恒大于零，即$p'^{*}>p^{*}$。这说明由于第三方需要追求利润，导致外引治疗的产品售价要大于自我治疗的售价，因此，自我治疗使企业更具有价格竞争优势。这一结论也从侧面证明了企业应该将缺陷处理视为自身的核心竞争力，建立专业化的缺陷处理机构这一观点的合理性。已有研究证

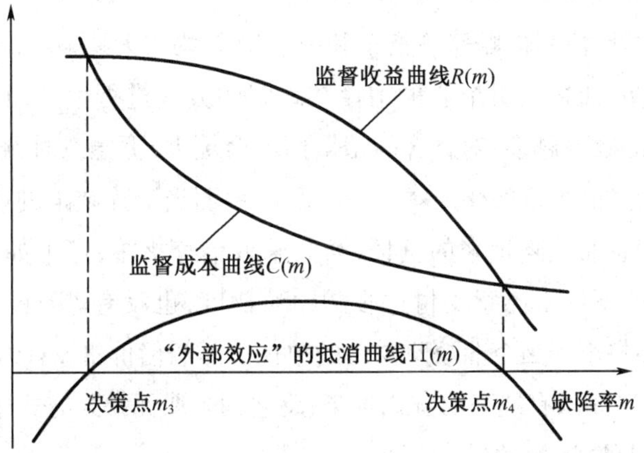

图6.8　顾客的收益、成本和“外部效应”抵消曲线图

明,有效、及时地处理缺陷给顾客带来的效用反而要比无缺陷带给顾客的效用更高。

但通常情况下自我治疗和外引治疗的单位产品去危害化成本并不相等,即 $c_3 \neq c_4$,而且由于处理缺陷的第三方通常具有较高的专业化程度和规模效应,第三方治理缺陷的单位成本远远低于企业,即 $c_3 \gg c_4$,在这种情况下,两种类型的产品价格的差表示为

$$p'^* - p^* = \frac{E - \lambda c_1}{4\lambda} - \frac{A}{4}\frac{B^B}{(1+B)^{1+B}}((\Delta - c_4)^{1+B} - (\Delta - c_3)^{1+B}) \tag{6-16}$$

由于$(E - \lambda c_1)/4\lambda$ 是一个固定的正常数,只要$(\Delta - c_4)^{1+B} - (\Delta - c_3)^{1+B}$足够大,就会出现 $p'^* < p^*$ 的情况,即外引治疗下产品价格较自我治疗的价格更低,外引治疗使企业更具有价格竞争优势,这一结论也从侧面证明了企业应该专注于自身的核心竞争力,将企业缺陷的处理工作交给专业化的缺陷处理机构这一观点的合理性。从现实情况看,形成产业化的缺陷治理企业已经是未来的发展趋势,产业化的缺陷治理企业以其组织能力和规模经济优势可以显著降低成本,广泛筹集资金,积极研发和使用先进技术,有效地与政府和公众进行沟通,是企业自我治疗的有效替代方案。目前,很多重污染的行业基本上都采取生产者责任组织形式或第三方委托代理模式对污染进行集中治理。

(3)对赔偿价格 γ 和缺陷率 m 的讨论

通过上述计算可知,赔偿价格 γ 和缺陷率 m 均与无缺陷生产和缺陷生产的成本差额 Δ 成正比,说明企业采用存在缺陷的方式进行生产而节约的成本越大,企业获得的收益越多,对顾客的赔偿额度会更大,更愿意对顾客进行合理的赔偿。与平均产品去危害化成本 $c_{3,4}$ 呈反比,说明当治疗缺陷的成本越高,企业越不愿意承担企业缺陷带来的责任,与其采取治疗措施,还不如等待相应的处罚。因此,企业不仅不愿意支付过多的赔偿额度,也没有进行赔偿的意愿。若顾客的赔偿要求小于为企业缺陷支付的单位产品赔偿价格 $\gamma < B(\Delta - c_3)/(1+B)$,则企业会选择以有缺陷的方式生产,反之则采取无缺陷方式生产。

(4)对企业收益 π 的讨论

企业的收益函数是无缺陷生产和缺陷生产的成本差额 Δ 的增函数,成本差额 Δ 属于企业的“外部效应”收益项。因此,存在缺陷的状态进行生产成本越低,企业越倾向于采用存在缺陷的状态进行生产。

5. 治疗类型的重要补充

本节将讨论两种极端条件下顾客监管失效对企业治疗决策的影响。由6.3.1节的博弈模型可知,顾客的收益包括税收 T 和处罚金 F 两种,监管成本为 c。由图6.8可知,顾客仅会在决策点 m_3 和 m_4 间才会行使监督权,即在监督收益大于监督成本情况下。

(1)补充一:企业退出

由于高缺陷率使企业没有生产和运营的必要,产量和活动非常小,顾客几乎没有税收收入,监督的收益大部分来自于对缺陷的处罚金,收益不足以弥补监管成本,过少的产品和运营使得企业无法达到规模效应,此时企业选择退出行业。

(2)补充二:企业行使监管权

由于企业拥有高度先进的缺陷治疗和技术能力,企业行为的结果具有非常低的缺陷率,顾客需要借助高水平的技术培训和昂贵的检测设备检测和确认该类缺陷,导致监督的成本远高于收益,此时顾客决定将监管权主动移交给企业自己执行或行业内的标杆企业帮助执行,形成“授权监督”的自我治疗的亚模式。

因此,企业缺陷的治疗类型的完整策略集为:当 $m \in [0, m_3)$ 或 $m \in [m_3, m_1)$ 时,企业选择自我治疗;当 $m \in [m_1, m_2)$ 时,企业采取外引治疗;当 $m \in [m_2,$

m_4)时，企业选择强制治疗；当 $m \in [m_4, 100\%]$ 时，企业选择退出。

6.4 实证研究

由于渤海湾石油污染危机导致Z企业海洋水产品遭遇到销售额下降、顾客投诉、拒绝购买和退换货的不利现象。为降低顾客预期的变化，增加顾客的信任度，降低产品缺陷率和减少顾客投诉，企业管理者对因缺陷导致的危机积极开展企业缺陷的治疗工作。

6.4.1 关键缺陷基因分析

1. 治疗需求及其权重的确定

本书已在6.2.3节给出了企业缺陷治疗的顾客需求及各需求的权重值。

2. 企业缺陷基因及自相关性分析

本书5.5.3节通过帕累托原则确定了导致企业缺陷的九个基因，分别为残留物浓度过高、养殖水源不合格、检验检疫信息发布不及时、产品外观欠佳、产品净化加工不良、饲料和药物使用情况不明、养殖生长期不符、养殖污水造成环境污染、服务不周。

企业缺陷基因之间存在相互关系。因此，要确定质量缺陷治疗要素的自相关系数矩阵。本书采用专家调查的方式总结海洋水产品缺陷治疗要素之间的相互关系（调查问卷见附录B），调查结果见表6.4和图6.9中质量屋的顶部。

3. 治疗需求与企业缺陷基因的相关性分析

通过编制企业缺陷的治疗需求与治疗要素的相关性矩阵确认企业缺陷基因与治疗需求的联系紧密程度。本书仍采用专家打分法，利用调查表（附录B）得出利益相关方治疗需求与企业缺陷基因的相关性矩阵，结果见表6.5和图6.9中质量屋的中间部分。

4. 利益相关方需求权重的确定

本书通过调查和内部审核得出利益相关方对企业缺陷基因的治疗满意程度以及治疗后应达到的目标，结果见表6.6和图6.9。根据式(6-1)至式(6-3)，计算治疗提高率、绝对权重及权重，具体计算结果见图6.9中质量屋右侧部分。

0.3							
3	0.7						
1.2	4.4	1.2					
3	1.7	3.6	1.9				
0.8	2.7	3	3.9	2.1			
5	3.3	3.8	2.1	2.5	0.9		
3.8	2.5	2.5	2.9	3.4	3.8	1.1	
4.2	4.2	4.5	4.3	1	4.1	3.9	0.9

	残留物深度过高	养殖水泵不合格	检验检疫信息发布不及时	产品净化加工不良	产品外观不佳	饲料和药物使用情况不明	养殖生长期不符	养殖污水造成环境污染	服务不周	重要度	满意度	控制程度		客观顾客需求	
												控制目标	控制提高率	绝对权重	权重
信息沟通顺畅化	3.6	3.3	4.3	1.4	3	2.4	2.3	1.8	2.7	3.02	3.5	4	1.14	3.45	9.56%
社会影响最小化	2.7	4.1	4.6	0.8	1.1	1.7	3.1	1	3	2.73		4	1.18	3.21	8.90%
事故控制有效化	3.3	3.8	3.2	0.7	2.7	3	2.8	1.1	3.4	4.09		3	1	4.09	11.33%
直接损失最小化	4.5	4.2	3.7	2.8	3.1	3.3	3.2	4.7	0.9	4.94		4	1.6	7.9	21.90%
企业影响最小化	3.8	3.5	3.6	1.2	2.9	3.7	2.8	0.7	5	0.91			1.5	1.37	5.78%
应急反应有效化	4.2	3.4	3.6	2.8	3	2.4	3.2	2.1	2.9	3.9		4	1.33	5.2	14.41%
事故处理透明化	5	4.6	4.3	3.2	2.5	2.6	2.8	3.1	1.2	4.78		4	1.33	6.37	17.66%
环境影响最小化	4.2	5	3.9	3.7	3.1	2.4	2.3	3.4	1.7	3.06	4	4	1	3.06	8.48%
事故赔偿合理化	4.1	4.3	3.5	1.2	3.1	1.9	1.5	0.7	1.3	1.29	4.5	5	1.11	1.43	3.97%
要素重要度	4.1	4.06	3.88	2.27	2.74	2.67	2.83	2.61	2.12					36.08	100%
要素重要度权值	15.01%	14.89%	14.22%	8.33%	10.04%	9.78%	10.38%	9.56%	7.78%						

图 6.9 企业缺陷关键基因分析的质量屋

表6.4　企业缺陷基因自相关矩阵

企业缺陷基因	企业缺陷基因								
	残留物浓度过高	养殖水源不合格	检验检疫信息发布不及时	产品净化加工不良	产品外观不佳	饲料和药物使用情况不明	养殖生长期不符	养殖污水造成环境污染	服务不周
残留物浓度过高	1								
养殖水源不合格	4.2	1							
检验检疫信息发布不及时	3.8	4.2	1						
产品净化加工不良	5	2.5	4.5	1					
产品外观不佳	0.8	3.3	2.5	4.3	1				
饲料和药物使用情况不明	3	2.7	3.8	2.9	1	1			
养殖生长期不符	1.2	1.7	3	2.1	3.4	4.1	1		
养殖污水造成环境污染	3	4.4	3.6	3.9	2.5	2.8	3.9	1	
服务不周	0.3	0.7	1.2	1.9	2.1	0.9	1.1	0.9	1

表6.5　企业缺陷基因与利益相关方需求相互关系调查表

利益相关方需求	企业缺陷基因								
	残留物浓度过高	养殖水源不合格	检验检疫信息发布不及时	产品净化加工不良	产品外观不佳	饲料和药物使用情况不明	养殖生长期不符	养殖污水造成环境污染	服务不周
信息沟通顺畅化	3.6	3.3	4.3	1.4	3	2.4	2.3	1.8	2.7
社会影响最小化	2.7	4.1	4.6	0.8	1.1	1.7	3.1	1	3
缺陷控制有效化	3.3	3.8	3.2	0.7	2.7	3	2.8	1.1	3.4

表 6.5 （续）

利益相关方需求	企业缺陷基因								
	残留物浓度过高	养殖水源不合格	检验检疫信息发布不及时	产品净化加工不良	产品外观不佳	饲料和药物使用情况不明	养殖生长期不符	养殖污水造成环境污染	服务不周
直接损失最小化	4.5	4.2	3.7	2.8	3.1	3.3	3.2	4.7	0.9
企业影响最小化	3.8	3.5	3.6	1.2	2.9	3.7	2.8	0.7	5
应急反应有效化	4.2	3.4	3.6	2.8	3	2.4	3.2	2.1	2.9
缺陷处理透明化	5	4.6	4.3	3.2	2.5	2.6	2.8	3.1	1.2
环境影响最小化	4.2	5	3.9	3.7	3.1	2.4	2.3	3.4	1.7
缺陷赔偿合理化	4.1	4.3	3.5	1.2	3.1	1.9	1.5	0.7	1.3

表 6.6　利益相关方需求权重确定表

顾客需求		重要度	满意度	企业缺陷治疗程度		利益相关方需求权重	
				改进目标	治疗提高率	绝对权重	权值
政府	信息沟通顺畅化	3.02	3.50	4.00	1.14	3.45	9.56%
	社会影响最小化	2.73	3.40	4.00	1.18	3.21	8.90%
	缺陷控制有效化	4.09	3.00	3.00	1.00	4.09	11.33%
企业	直接损失最小化	4.94	2.50	4.00	1.60	7.90	21.90%
	企业影响最小化	0.91	2.00	3.00	1.50	1.37	3.78%
	应急反应有效化	3.90	3.00	4.00	1.33	5.20	14.42%
顾客	缺陷处理透明化	4.78	3.00	4.00	1.33	6.37	17.66%
	环境影响最小化	3.06	4.00	4.00	1.00	3.06	8.48%
	缺陷赔偿合理化	1.29	4.50	5.00	1.11	1.43	3.97%
合计						36.08	100

5. 企业缺陷基因重要程度的确定

根据式(6－4)和式(6－5)，计算企业缺陷基因重要度及标准化权值，计算结果见表 6.7 和图 6.9 中质量屋地板部分。

表 6.7　企业缺陷基因重要度权重确定表

应急管理要素	企业缺陷基因重要度	重要度权值
残留物浓度过高	409.50	15.01%
养殖水源不合格	406.04	14.89%
检验检疫信息发布不及时	387.76	14.22%
产品净化加工不良	227.30	8.33%
产品外观不佳	273.92	10.04%
饲料和药物使用情况不明	266.74	9.78%
养殖生长期不符	283.01	10.38%
养殖污水造成环境污染	260.78	9.56%
服务不周	212.23	7.78%

6. 关键缺陷基因确认

由图 6.9 计算结果可知，企业缺陷的治疗要素重要程度从高到低依次为：残留物浓度过高（15.01%）、养殖水源不合格（14.89%）、检验检疫信息发布不及时（14.22%）、养殖生长期不符（10.38%）、产品外观欠佳（10.04%）、饲料和药物使用情况不明（9.78%），养殖污水造成环境污染（9.56%）、产品净化加工不良（8.33%）、服务不周（7.78%）。由企业缺陷产生“二八原则”剔除掉 80% 排名靠后的缺陷基因，文中一共 9 个缺陷基因，故需剔除 6 个指标，保留的 3 个企业缺陷基因即为关键缺陷基因，即残留物浓度过高、养殖水源不合格、检验检疫信息发布不及时，在进行企业缺陷治疗时应优先治疗。

6.4.2　关键缺陷基因的治疗类型选择

Z 企业经过分析，发现海洋水产品过多残留物是由于石油污染水源所致，若企业采取自我治疗策略，坚持在原有养殖地继续养殖的解决方案是建立海水隔离带，阻止污染海水进入养殖区域，持续过滤海水保持养殖区域的海水流动，这个方案的成本非常高。作为替代方案，首先，企业决策者决定暂停受影响的养殖厂的经营活动，通过租用或购买新养殖水域的使用权将能转移的海产品转移至其他水域，减少海产品被污染的概率；其次，停止使用污染产地的海产品作为深加工原料，避免产品深加工过程中混入有缺陷的原材料；最后，停止销售问题批次的产品，再次检验合格后才能继续投放市场。采取外引治疗的成本要明显低于自我治疗的成本,且没有必要让政府介入企业的管理。因此,对此因素的治疗成本落入外引治疗区域,即外引治疗是解决残留物浓度过高的最佳治疗方案。

对于此次石油污染导致的养殖水源不合格问题,企业自身以及整个行业的企业都没有能力去改变,即自我治疗和外引治疗的成本过于昂贵,Z 企业决定向美国康菲石油中国有限公司(康菲中国)提起污染诉讼,赔偿企业的损失,如停产、养殖海产品死亡和弃用、顾客退货或索赔带来的声誉影响等,同时向保险公司申请保险金帮助企业减少因污染而造成的损失,并建议政府采取强制措施治理被污染的海域。因此,对养殖水源不合格的治疗成本落入强制治疗区域,即强制治疗是解决养殖水源不合格的最佳方案。

Z 企业三种关键缺陷基因的治疗成本比较如图 6.10 所示。

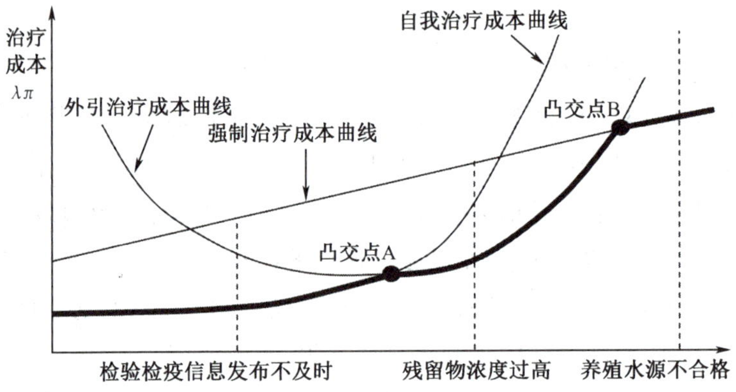

图 6.10　Z 企业三种关键缺陷基因的治疗成本比较

对于检验检疫信息发布不及时的问题,企业应该及时了解消费者的安全需求和知情权。一方面,加大检验检疫力度,增加检验检疫频率,降低缺陷产品进入市场的概率;另一方面,缩短检验检疫信息公布的时间间隔,积极将本企业的产品送到权威的检测机构进行检测,增加发布信息的真实性、客观性和权威性,增强顾客对产品的信任程度。由于企业拥有完整的检验检疫设备,完全具备自我检验检疫的能力,因此,自我治疗的成本是最低的,对检验检疫信息发布不及时的治疗成本落在自我治疗区域,即自我治疗是解决信息发布不及时的最优方案。

6.5　本章小结

本章首先给定了企业缺陷治疗的内涵,并规定了治疗应遵循的基本原则;其次,利用质量功能展开对企业缺陷基因进行重要性排序,确定需要优先治疗的关键缺陷基因;再次,根据已有研究结论将企业缺陷的治疗分为自我治疗,外引治疗和强制治疗三种治疗类型,利用企业与顾客的博弈确定企业缺陷治疗的纳什均衡,构建了三种治疗类型的成本收益模型,探讨了三种治疗类型的选择时机、成本以及收益;最后,结合Z企业的案例对企业缺陷治疗进行实证研究,对Z企业的缺陷基因进行重要度排序,确定了优先进行治疗的企业缺陷基因及其治疗类型,为企业缺陷的治疗提供了新的理论依据和实践参考。

第 7 章　企业缺陷的预防研究

7.1　企业缺陷预防的内涵

7.1.1　医学预防到企业缺陷预防的隐喻化

预防原意是指预先做好防备,事先防备。医学中的“预防”是指在疾病(或伤害)尚未发生时针对病因或危险因素采取措施,改善和创造有利于健康的生产环境和生活条件,降低有害暴露的水平,增强个体对抗有害暴露的能力预防疾病(或伤害)的发生或至少推迟疾病的发生。预防对象是健康和无症状患者。

医学预防疾病有两大步骤:

①在人体内建立疾病预防体系,增强人体抵御疾病的能力,如接种疫苗、补充营养等;

②对人体进行健康检查,评价人体预防疾病能力的大小。

基于此,企业缺陷的预防步骤可以分为:

①在企业内部建立企业缺陷预防体系,增强企业预防缺陷产生的能力;

②对企业缺陷预防体系进行有效性评价,确保其能有效地预防企业缺陷。

医学预防到企业缺陷预防的隐喻化如图 7.1 所示。

图 7.1　医学预防到企业缺陷预防的隐喻化图

医学中所指的疾病预防体系是指生物体的免疫系统，是指机体识别“自己”与“非己”成分，破坏和排斥进入人体的抗原物质，维持生命体征稳定的一种生理性防御机制。从以往的经验和实践来看企业也有一套针对企业缺陷的特异性免疫系统，能够及时地感知可能产生的企业缺陷并及时做出应对措施，使企业健康免于企业缺陷的攻击，本书称之为“企业缺陷预防体系”。对企业来说，企业缺陷免疫力是企业排除企业缺陷并产生记忆，维护企业健康的能力。

7.1.2　企业缺陷预防的界定

本书将企业缺陷的预防定义为持续地保持企业缺陷管理水平，保证企业具有满足顾客要求的能力，并持续对这种能力进行评估的活动。企业缺陷的预防包括建立企业缺陷预防体系及对企业缺陷预防体系进行有效性评价两个方面。企业缺陷的预防是一个动态的、永恒的目标，它是企业健康情况下的管理活动。企业缺陷的预防是企业缺陷管理活动中持续时间最长，使用次数最多的步骤。

企业缺陷预防是保证企业生命体健康生存和发展的前提，这一概念类似于符合性质量。目前大多数学者认为企业应以 ISO 9000 等标准管理体系为基础推行 TQM，进一步采用 6σ 管理等工具，使企业在追求顾客满意的同时提高经济收益，实现企业卓越绩效经营的目标。因此，企业应该建立起融合现有标准的企业缺陷预防体系。

本书第 5 章和第 6 章构建了企业缺陷的诊断和治疗手段，企业通过诊断来制定针对企业缺陷的改进目标，并通过治疗来寻求改进机会，使企业生命体的社会价值得到提升。由于企业缺陷具有重复性、随机性和多样性的特性，因此，制定改进目标和寻求改进机会的过程是一个持续过程。预防则是利用审核发现和审核结论、数据分析、管理评审或其他方法将诊断和治疗制定成稳定、匹配的管理手段，形成标准化管理体系，确保改进成果的固化和规范化，保持企业缺陷管理水平的稳定，企业缺陷的预防规律如图 7.2 所示。

7.1.3　企业缺陷预防的目标

企业缺陷的预防旨在保持企业缺陷水平和管理水平长期稳定，满足顾客现有需求。

1. 预防的内部需求

企业需要遵照标准从事工作，保证企业行为只能严格地按照正确的方式实施，从而避免出现企业缺陷，保证企业发挥稳定的实力，提高生产和管理效率，

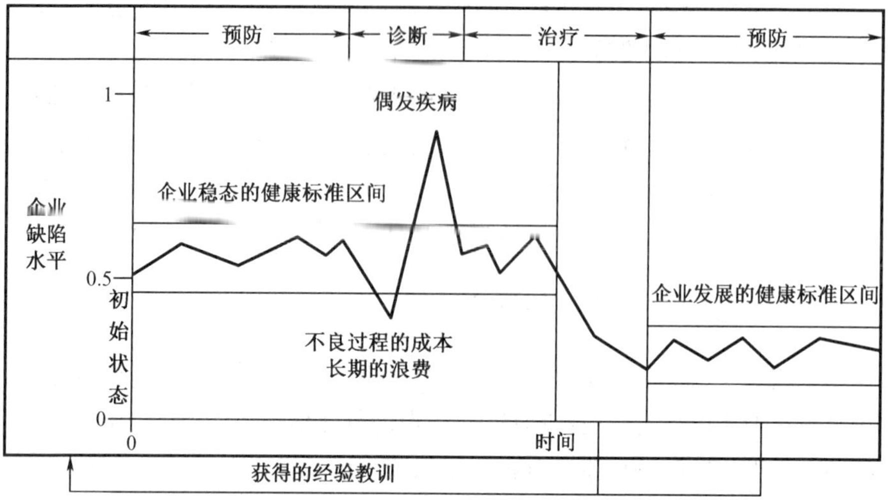

图 7.2 企业缺陷的预防规律图

这是企业缺陷管理的基本活动,若是企业缺陷现象不断地发生,企业生命体不可能实现更高的社会价值。

从企业缺陷管理的成本来看,若企业缺陷管理以诊断和治疗为主,即诊断和治疗成本占缺陷管理总成本的大部分比例,说明企业长期处于应急管理状态,企业缺陷给企业带来较高的损失成本,无法实现最佳缺陷管理成本,如图 7.3所示。因此,企业必须努力减少或稳定诊断和治疗活动的频率,不断加强企业缺陷的预防投入,并将管理重心转移到企业缺陷的预防方面,坚持以预防为主、与诊断和治疗相协调的管理理念,从而实现企业缺陷管理成本的最优化目标。

2. 预防的外部需求

从顾客效用角度来看,顾客的效用随着缺陷率的降低呈指数增长趋势,在某一拐点 A 之前增速非常快,超过拐点 A 后增速逐渐放缓,因此,顾客追求最大可能地避免自身利益受到损害,要求企业将企业缺陷出现的概率降到最低。企业缺陷管理的顾客效用和支付曲线如图 7.4 所示。

从顾客支付意愿来看,在缺陷改进区域内,顾客的利益频繁因缺陷而受损,顾客支付的代价大部分是损失成本且代价很大;在缺陷至善区域内,顾客的利益基本上不会受到损害,但极低的缺陷率导致企业缺陷的预防成本迅速增加,企业通过提高产品或服务的价格将高昂的预防成本转嫁给顾客,此时顾客支付代价大部分由产品价值决定。在这种情况下,顾客无法追求缺陷率最低,进而转向缺陷率保持在某一目标范围内即可,即图 7.4 中的缺陷适宜区域,由企业缺陷管理成本分析,在此区域内主要是以企业缺陷的预防活动为主,因此,企业缺陷的预防也是实现顾客效用最大化的最佳方式。

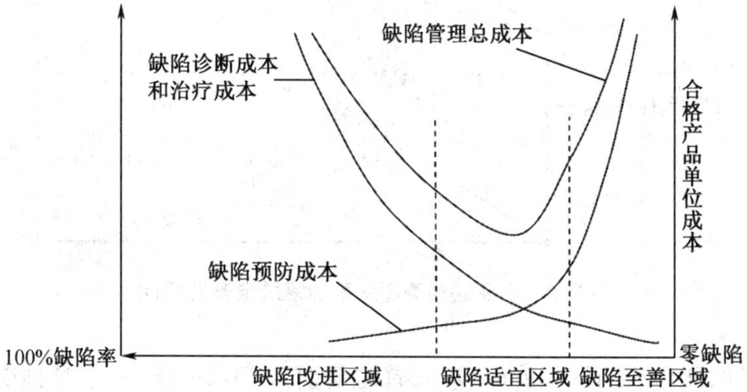

图 7.3　企业缺陷管理的成本曲线

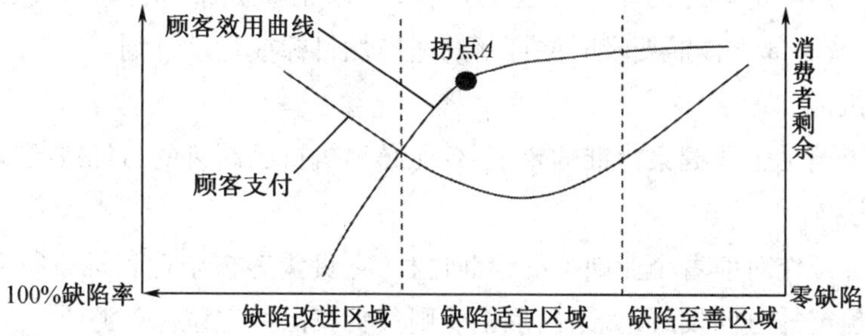

图 7.4　企业缺陷管理的顾客效用和支付曲线图

7.2　企业缺陷的预防机制及实现

7.2.1　企业缺陷预防的机制

保持是预防的最基本的功能。企业缺陷的预防要求企业内所有活动均依据现有标准流程展开,侧重于通过不断的努力保证企业缺陷维持在可接受水平,而诊断和治疗步骤则是对企业现有的健康标准的改善和提升,这二者交替发生从而形成促进预防的螺旋提升路径，从而达到企业更好的生存和实现价值的目的。企业缺陷管理水平的螺旋提升路径如图 7.5 所示。

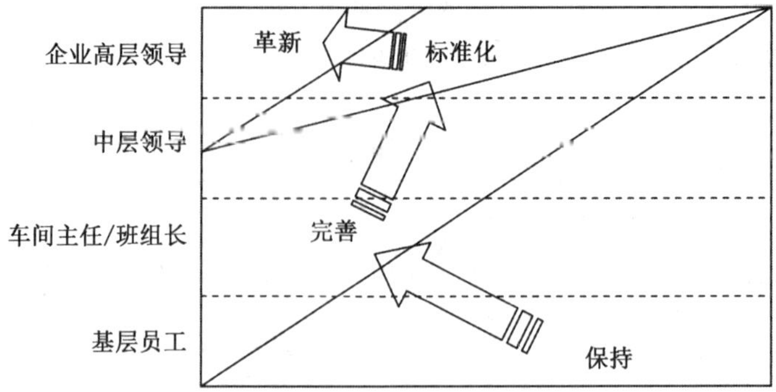

图 7.5　企业缺陷管理水平的螺旋提升路径图

为了保证预防的导入能够成功，首先要引入 PDCA 循环，它是预防的前提和基础。

1. 计划

由于预防是动态的不断完善的过程，所以企业健康标准也应不断进行更新，企业或外部主体需要及时制订新的适应性目标或行动计划。

2. 执行

为了满足企业健康标准的要求，企业必须执行已制订的目标或行动计划。

3. 检查

检查工作对应着企业缺陷的诊断过程，它负责考核企业目标或行动计划是否按照预定的方向发展，如果出现偏差则负责找出并定位偏差源。

4. 调整

它对应着企业缺陷的治疗过程，负责对偏差进行纠正和处理，形成暂时性的新的工作步骤，并为制订下一步的改善目标提供参考依据。

任何过程伊始，必定先将这种变化利用 MCSI 循环进行稳定，也就是“Maintain（保持）—Consummate（完善）—Standardization（标准化）—Innovation（革新）”，才能进入新的 PDCA 循环。MCSI 循环的作用就是将现有的过程标准化并稳定下来，避免原问题的重复发生，而 PDCA 循环的作用是针对具体问题产生的新的诊断和治疗过程，重在持续改善和不断更新。一旦标准经制定、试用并稳定使用后，可以再次进入 PDCA 循环。PDCA 循环与 MCSI 循环的交替执行是企业缺陷的预防机制，如图 7.6 所示。

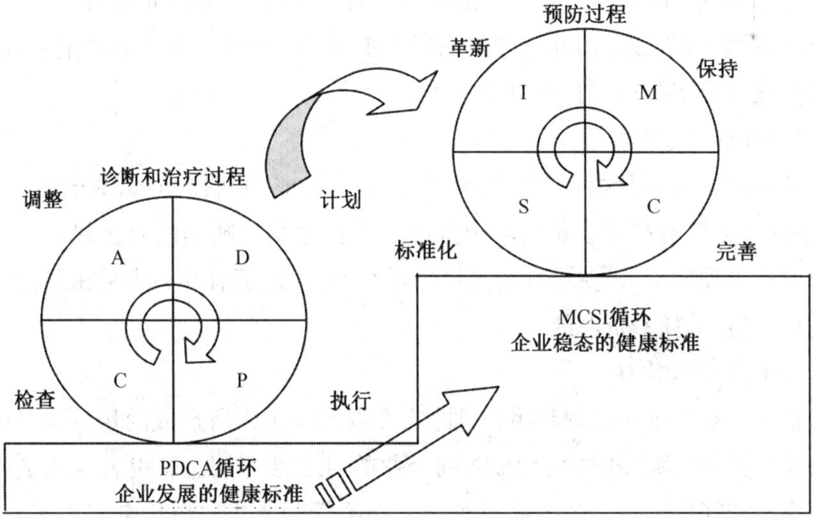

图 7.6 企业缺陷的预防机制图

7.2.2 企业缺陷预防的动力

企业缺陷预防水平的变化是来自各个方向的驱动力共同作用的结果。其中,有促进企业缺陷预防水平提升的前进动力,如宏观层面的推动力、外部主体需求的拉动力以及企业自身的牵引力等;也有阻碍管理水平提升的前进阻力,如企业惰性和企业能力等。企业缺陷的预防动力分解如图 7.7 所示。

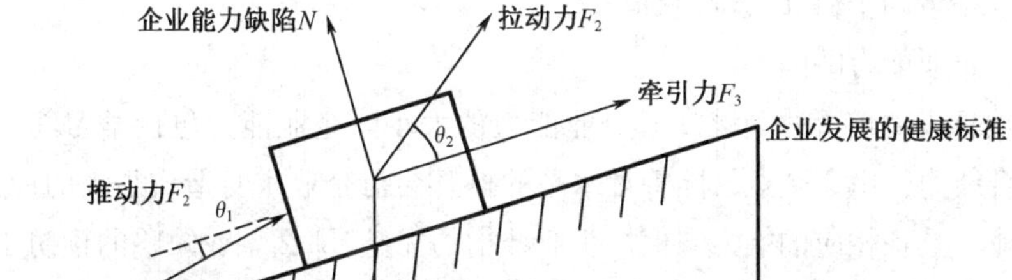

图 7.7 企业缺陷的预防动力分解图

1. 预防的推动力

企业缺陷预防的推动力主要来自于政府和行业,包括公权力管制和行业约束两个方面,具有强制性,影响企业积极性进而促使企业缺陷管理的不断完善和缺陷水平的不断稳定。由于它的推动具有普适性,既要满足顾客的诉求又要照顾企业的生存状态,因此,它是一种温和、妥协的动力,对企业缺陷管理水平的提升效果介于拉动力和牵引力之间。

2. 预防的拉动力

预防的拉动力是指顾客对企业缺陷预防形成的间接作用,具有规范性作用,包括市场拉动和社会拉动两个方面。顾客是企业缺陷的直接接受者,他们提出的要求和期望最直接也最有引导力的,因此,是所有动力中最激烈的,同时也是最严格、最耗费资源的。

3. 预防的牵引力

牵引力是指企业合理利用自身能力开展预防工作所形成的相对竞争优势,从而改变企业缺陷预防的能力,强调企业的自主性作用。牵引力从增加收益、减少成本和降低风险三个方面提升企业缺陷管理水平。由于牵引力来自企业内部,而企业的本质是追求利润。因此它是实现企业健康标准提升最迅速的动力,它能最快地实现企业缺陷预防水平的提升。

4. 惰性

企业开展企业缺陷的预防工作的积极程度取决于意愿。而企业出于自身的考虑通常存在一定的惰性导致预防过程停滞不前,甚至倒退。企业或顾客惰性表现为:

①习惯于现有管理模式,对原有规范与工作习惯有明显偏好;

②厌恶变化与变革;

③决策趋于保守,害怕承担责任。

5. 企业能力缺陷

预防成功与否的关键在于企业能力的大小。企业能力包括学习能力和资源整合能力。由于企业缺陷管理水平的提升会对企业本身造成很大的冲击,如果企业不具备相应的能力来保持企业结构的完整,那么企业缺陷的预防工作就无法顺利完成。企业能够迅速学习不产生企业缺陷的新技术会大大减少企业受到的冲击。同时,企业能够迅速并尽可能多地将分散在企业内各个环节和各个部门,甚至是企业外部的现有资源进行有机整合,能够增强企业的体质,产生足够大的抵御能力和恢复能力,对企业缺陷预防形成支撑力。

7.2.3 企业缺陷预防的基本思路

1. 设计阶段的缺陷预防

超过九成的企业缺陷源自企业的设计阶段。设计错误或安全、实用和成本之间权衡后的设计选择是造成企业缺陷的主要因素。

设计阶段对企业缺陷的产生有决定性的影响。根据实践研究表明，在设计评审阶段发现企业缺陷，仅需35美元就可以解决；在包含缺陷的零件装配前发现并解决，需要花费368美元；在交货前发现并解决，则需要17 000美元；若顾客使用后发现，则需要590 000美元去解决。由此可见，在企业设计阶段对企业缺陷进行预防是最经济的方式。

设计阶段企业缺陷的预防应保证企业缺陷水平满足国家标准与行业标准，尽量避免不合理的危险性。具体来讲，在设计阶段应采用以下企业缺陷预防措施。

(1)熟知企业缺陷的标准，确立企业缺陷目标

在设计阶段，在进行市场需求调研的基础上，要熟知当地政府对于企业缺陷的要求。熟知企业缺陷的标准是有效预防企业缺陷的前提，企业必须将企业缺陷标准要求建立在企业缺陷预防体系之中，长期有效的执行，才能做好企业缺陷的预防工作。但值得注意的是，满足企业缺陷标准并不意味着企业缺陷不存在，例如在美国，是否构成缺陷是通过风险—效益分析来决定的。

(2)利用可靠性分析防止企业缺陷

可靠性分析是进行企业缺陷评估的基本方法，它通过评估设计阶段中可能存在和潜伏的危险来防止企业缺陷的出现，减少企业缺陷带来的责任风险。目前经常使用的可靠性分析方法有初步风险分析、故障树分析和故障模式和影响分析三种。

(3)跨职能部门设计评审

在设计阶段，组建与设计有关的所有职能部门的跨职能小组，细分设计目标，识别设计关键点，建立设计阶段的缺陷要素。

(4)企业缺陷测试

企业缺陷测试是利用测试结果和分析对设计阶段的验证和修改，确保实现企业缺陷预防的目标。

2. 制造阶段的缺陷预防

预防制造阶段的企业缺陷的关键是确保制造过程的结果完全符合设计标

准。企业缺陷必须通过制造阶段才会形成，在制造阶段企业缺陷的预防策略主要有如下几方面。

(1)过程能力控制

制造过程中，影响缺陷产生因素的变化及其对企业缺陷的作用是个极其复杂的过程。过程能力控制是要发现和利用这一极其复杂过程的内在规律，把缺陷特征值控制在一定范围内而展开的技术和策略。过程能力控制可分为统计过程控制和工序能力控制。

(2)缺陷检测，剔除不符合要求的企业缺陷

通过相关技术对企业缺陷进行检测，例如对产品质量进行抽样，剔除存在质量缺陷的产品；对污染排放进行监测，确保生产过程对环境的污染达到标准要求；对作业环境和设备进行检测，确保员工的安全和健康。

3. 流通阶段的缺陷预防

从理论上讲，“零缺陷”的目标是不可能实现的，企业缺陷以产品作为载体进入流通领域，因此对进入流通领域的企业缺陷仍要进行缺陷预防。针对流通阶段的企业缺陷预防措施主要有如下几方面。

(1)数据的收集和分析

企业缺陷数据的收集和分析，数据大多来自顾客、第三方和国家缺陷统计数据库利用已有统计数据预测企业缺陷的发生概率和潜在危害，帮助企业制定相关预防措施。

(2)随机测试和调查

企业需要对即将进入流通领域的产品或服务进行随机测试，确保产品无缺陷。对于已经进入流通领域的产品或服务，企业应该对顾客进行随机走访，调查和验证产品的使用情况，确保产品使用过程无缺陷。

(3)发布企业缺陷预警信息

告知顾客以前未知的缺陷信息，帮助顾客避免或减少因企业缺陷而带来的伤害。

(4)召回包含企业缺陷的产品

企业发现包含企业缺陷的产品进入流通领域后，应及时召回包含企业缺陷的产品，避免事态进一步恶化。

7.2.4 企业缺陷预防的原则

管理体系是指企业建立方针和目标并实现这些目标的体系。从现有实践

经验来看,企业实现预防缺陷的目标最有效的工具是建立标准化管理体系(如质量管理体系、环境管理体系、职业健康安全管理体系),如图 7.8 所示。ISO 9001等标准管理体系要求企业严格规范各项企业缺陷管理活动,它的核心理念是将影响企业缺陷产生的因素加以控制,使企业缺陷水平始终处于受控状态,最大限度地预防企业缺陷出现,实现降低和转移企业风险的目的,保证企业处于健康运营状态。

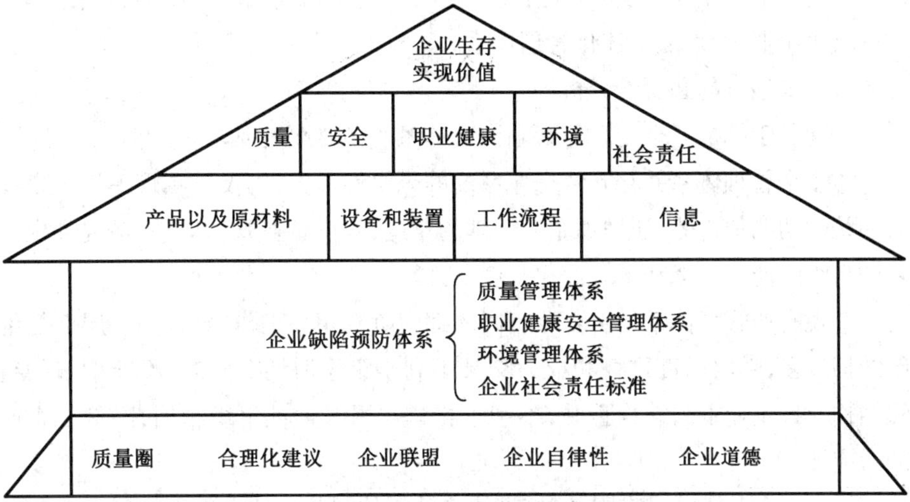

图7.8　企业缺陷预防标准化管理体系示意图

为实现企业缺陷预防的目标,企业需转变对资源使用的认识,设定资源使用标准,将人员、信息、设备和原材料等资源的使用纳入合理框架内,进行统筹管理,提高资源使用效率。该标准也不是一成不变的,需随着实际与计划的偏差和在标准执行时出现的问题而对标准进行改善。标准是预防的固定组成部分,它为进一步完善提供基础。

7.3　基于标准整合的企业缺陷预防体系构建

7.3.1　企业缺陷预防体系的定义及需求分析

1. 企业缺陷预防体系的定义

企业缺陷预防体系是指按照ISO 9001：2000，ISO 14001：1996和OHSAS 18001：1999三个体系标准，将质量管理体系、职业健康安全管理体系、环境管理体系和社会责任标准进行有机整合，并使用共有要素的一体化管理体系。企业缺陷预防体系应以质量管理体系为基本框架，将职业健康安全管理体系、环境管理体系和企业社会责任标准的要素渗透到质量管理体系的同时，主动延伸质量管理体系的覆盖范围，采用PDCA循环以顾客为导向将缺陷问题按出现的先后顺序排序，把企业缺陷管理涉及的全部要素融入一个完整、结构一致的管理手册中，形成一体化管理体系。

2. 标准整合的必要性分析

构建基于标准整合的企业缺陷预防体系的必要性表现如下。

①多个管理体系并存导致企业系统的无序性增大，不仅影响管理体系发挥其系统性功能的优势，还增加企业管理的难度，降低企业管理效率，最终导致企业的自组织能力下降和系统优化难度上升。

②现有的管理体系均由企业不同的部门负责相关工作，导致同一层面的组织结构过多，部门职责重叠和权力交叉不利于组织协调。同时，不断增多的组织结构导致企业组织结构臃肿，不利于构建扁平式柔性组织结构，降低了企业的适应性。

③由于企业资源是有限的，管理体系林立的现状必然会出现相互之间争夺资源、人员的现象。多方认证、多体系文件以及不同的宣传、培训、监督、内部审核、管理评审等工作带来了大量的资源浪费，增加了企业运营成本。

④由第四章分析可知，目前大部分企业的信息化平台是制约企业发展的瓶颈，多管理体系产生的异质性信息必然会产生无法共享，甚至相互排斥的不利局面，从企业知识管理发展的角度考虑，建立统一的企业缺陷预防体系是必然的趋势。

⑤繁杂、重复的文件和记录无疑增加了企业员工的工作量，造成企业员工对管理体系的厌恶，不利于形成积极进取、追求卓越的企业文化。

⑥粗放、经验式的管理模式不利于形成现代化管理企业，同时国际市场竞争对整合型管理体系的要求已成为不可逆转的趋势。

3. 标准整合的可行性分析

现有管理体系的以下特点决定了构建基于标准整合的企业缺陷预防体系的可行性。

①现有管理体系具有兼容或一致的指导思想。标准组织在制定标准时充

分考虑了它们之间的相容性，在标准的附录中增加了各标准间元素的对照表帮助企业减少标准实施的准备工作。

②现有标准的框架结构具有很大的相似性。通过比较质量管理标准、环境管理标准和健康安全管理标准的基本结构可以发现，尽管在标准内容上存在较大差异但基本结构是一致的，这是企业缺陷管理体系构建的基础和前提。

③对于某些从事高危行业的企业来说，质量、环境、职业健康安全和社会责任具有明显的关联性。例如，石油企业的爆炸事故既是质量缺陷，又是环境缺陷，还可能涉及职业健康安全缺陷。所以必须全面考虑企业缺陷管理问题。

④由于本书将顾客定义为接受过程中任何一个步骤产出物的主体，因此质量、环境、职业健康安全都是顾客的需求，追求卓越绩效的企业必须以满足顾客需求为最终目的。

⑤现有管理体系均遵循管理体系的策划、PDCA 循环和持续改进的理念，均使用文件化管理方法。

7.3.2　企业缺陷预防体系构建的指导思想和遵循原则

1. 企业缺陷预防体系构建的指导思想

企业缺陷预防体系构建的指导思想是以现有标准为基础进行整合，形成一体化管理体系，达成企业对质量、安全、职业健康、环境以及社会责任的管理目标。企业缺陷预防体系应以质量管理体系为基本框架，将职业健康安全管理体系、环境管理体系的要素渗透到质量管理体系的同时，主动延伸质量管理体系的覆盖范围，以顾客驱动过程将缺陷问题按出现的先后顺序排序，把企业缺陷管理涉及的全部要素融入一个完整、结构一致的管理手册中，形成一体化管理体系。

2. 企业缺陷预防体系构建应遵循的原则

除了本书提出的企业生存、有效沟通、顾客满意、主动管理、基于证据、区别对待、相对管理、全要素参与和标准化管理九大原则外，借鉴 Baldrige 标准和 EFQM 标准增加一些特殊性原则，例如管理者领导作用、不断学习、创新和持续改进、过程方法、管理的系统方法、互利的供方关系、与其他管理体系兼容、柔性等八个原则。

7.3.3 企业缺陷预防体系的整合方法和基本结构

1. 企业缺陷预防体系的整合方法

以质量管理体系为主线，对其他管理体系渗透到质量管理体系中，对于一致性元素如方针目标、组织机构职责、信息沟通、内部审核、管理评审、不符合和纠正预防措施等在对应要素的条款内部实施整合，对于不兼容元素采取模块化层次结构的整合方式。企业缺陷管理体系应基于ISO标准格式建立管理流程，它应该是一个基于顾客驱动过程的完整的文件体系，尽管这个文件体系的整体逻辑不甚协调。

企业缺陷预防体系的内容囊括所有标准的内容要求，对于二级元素优先予以整合，单独保留的元素适当修改名称，与ISO 9001风格一致的语言进行描述。

2. 企业缺陷预防体系的基本结构

本书提出按照过程方法对现有管理体系进行整合，按照管理体系要求、管理职责、增值过程和支持过程四个方面将现有标准要素进行有机融合，企业缺陷预防体系见表7.1。另外，由于企业社会责任标准(SA 8000)尚处于发展阶段，它与其他管理体系的结构和内容存在较大差异，本书并未对其进行整合，仅建议其也应按照ISO 9000进行结构和内容设计。

表7.1 企业缺陷预防体系

企业缺陷预防体系	ISO 9001:2000	ISO 14001:1996	PJSAS 18001:1999
第一章 管理体系要求 1.1 总要求 1.2 文件化要求	4.1	4.4.1	4.4.1
1.2.1 总要求	4.2.1	4.4.4+4.4.5	4.4.4+4.4.5
1.2.2 一体化管理手册	4.2	4.4.4,4.4.5, 4.5.3	4.4.4,4.4.5, 4.5.3
1.2.3 文件控制	4.2.3	4.4.4+4.4.5	4.4.4+4.4.5
1.2.4 记录控制	4.2.4	4.5.3	4.5.3

表 7.1(续1)

企业缺陷预防体系	ISO 9001:2000	ISO 14001:1996	PJSAS 18001:1999
第二章　管理职责			
2.1　管理者承诺	5.1	4.2	4.2
2.2　相关方的需求和期望	5.2	4.3.1 +4.3.2	4.3.1 +4.3.2
2.3　组织的方针	5.3	4.2	4.2
2.4　策划	5.4	4.3	4.3
2.4.1　一体化管理目标和指标	5.4.1	4.3.3	4.3.3
2.4.2　一体化管理体系策划	5.4.2	4.3.4	4.3.4
2.5　职责、授 权和沟通	5.5	4.1 +4.4.1 + 4.4.3	4.4.1 +4.4.3
2.5.1　职责与授权	5.5.1	4.4.1	4.4.1
2.5.2　管理者代表	5.5.2	4.4.1 (ISO 14004)	4.4.1
2.5.3　内部沟通	5.5.3	4.4.3.1 (ISO 14004)	4.4.3
2.6　管理评审	5.6	4.6	4.6
2.6.1　总要求	5.6	4.6	4.6
2.6.2　管理评审输入	5.6.1	4.6.1 (ISO 14004)	4.6 (OHSAS 18002)
2.6.3　管理评审输出	5.6.2	4.6.1 (ISO 14004)	4.6 (OHSAS 18002)
2.7　内部审核	8.2.2	4.4.5	4.4.5
2.8　持续改进	8.5.1	4.3.4	4.3.4
第三章　增值过程			
3.1　产品实现的策划	7.1	4.3.1 +4.3.2 + 4.4.5 + 4.4.6	4.3.1 +4.3.2 + 4.4.5 + 4.4.6
3.2　与含顾客在内相关方相关的过程	7.2	4.3.1 +4.4.6	4.3.1 +4.4.6
3.2.1　与产品相关的要求的确定	7.2.1	4.3.1 +4.3.2	4.3.1 +4.3.2

表7.1(续2)

企业缺陷预防体系	ISO 9001:2000	ISO 14001:1996	PJSAS 18001:1999
	7.2.1 (ISO 9004)		
3.2.2 与产品相关要求的评审	7.2.2 7.2.2 (ISO 9004)	4.3.2 + 4.3.3 + 4.3.4	4.3.2 + 4.3.3 + 4.3.4
3.2.3 与含顾客在内所有相关方的沟通	7.2.3	4.3.3	4.3.4
3.3 设计和开发	7.3 7.3(ISO 9004)	4.4.6	4.4.6
3.3.1 设计和开发的策划	7.3.1 7.3.1 (ISO 9004)	4.4.6	4.4.6
3.3.2 设计和开发输入	7.3.2 7.3.2 (ISO 9004)	4.4.6	4.4.6
3.3.3 设计和开发输出	7.3.3 7.3.3 (ISO 9004)	4.4.6	4.4.6
3.4.4 设计和开发的评审	7.3.4 7.3.4 (ISO 9004)	4.4.6	4.4.6
3.3.5 设计和开发的验评	7.3.5 7.3.5 (ISO 9004)	4.4.6	4.4.6
3.3.6 设计和开发确认	7.3.6 7.3.6 (ISO 9004)	4.4.6	4.4.6
3.3.7 设计和开发更改控制	7.3.7	4.4.6	4.4.6

表 7.1(续3)

企业缺陷预防体系	ISO 9001:2000	ISO 14001:1996	PJSAS 18001:1999
	7.3.7 (ISO 9004)		
3.4　生产和服务提出	7.5 7.5 (ISO 9004)	4.4.6	4.4.6
3.4.1　生产和服务控制	7.5.1 7.5.1 (ISO 9004)	4.4.6	4.4.6
3.4.2　生产和服务提供过程的确认	7.5.2 7.5.2 (ISO9004)	4.4.6	4.4.6
3.4.3　标识和可追溯	7.5.3 7.5.3 (ISO 9004)	4.4.6	4.4.6
3.4.4　产品搬运、防护、储存和发运	7.5.5 7.5.4 (ISO 9004)	4.4.6	4.4.6
第四章　支持过程			
4.1　总则	8.1	4.5.1	4.5.1
4.2　资源管理			
4.2.1　资源提供	6.1	4.4.1	4.4.1
4.2.2　人力资源	6.2	4.4.2	4.4.2
4.2.2.1　总则	6.2.1	4.4.2	4.4.2
4.2.2.2　职责、能力、意识和培训	6.2.2	4.4.2	4.4.2
4.2.3　基础设施	6.3	4.4.1 +4.4.7	4.4.1 +4.4.7
4.2.4　工作环境	6.4	4.4.1	4.4.1
4.2.5　信息	6.5(ISO 9004)		
4.2.6　供应商和商业伙伴	6.6(ISO 9004)		
4.2.7　自然资源	6.7(ISO 9004)		
4.2.8　财务物资源	6.8(ISO 9004)	4.4.1	

表 7.1(续 4)

企业缺陷预防体系	ISO 9001:2000	ISO 14001:1996	PJSAS 18001:1999
		(ISO/CD 14004)	
4.3 采购			
4.3.1 供应商选择和控制	7.4.1	4.4.6	4.4.6
4.3.2 采购信息	7.4.2	4.4.6	4.4.6
	7.4(ISO 9004)		
4.4 监测和测量仪器/设备的控制	7.6	4.5.1	4.5.1
4.5 监事和测量	8.2	4.5.1	4.5.1
	8.2(ISO 9004)		
4.5.1 相关方满意	8.2.1	4.5.1	4.5.1
	8.2.1.2		
4.5.2 产品制造过程的监控和测量	8.2.3	4.5.1	4.5.1
4.5.2.1 采购产品的验证	7.4.3+8.2.4	4.4.6	4.4.6
	7.4.2+8.2.3		
	(ISO 9004)		
4.5.2.2 制造过程的检验和最终检验	8.2.4	4.5.1	4.5.1
4.5.2.3 制造过程中的环境因子、因素、职业健康与安全因素控制	8.2.3	4.5.1	4.5.1
4.5.3 产品质量的跟踪和测量	8.2.4	4.5.1	4.5.1
4.5.4 不合格产品控制和处置	8.3		
4.5.5 事故报告、调查处理程序		4.5.2+4.7	4.5.2+4.7
4.5.6 数据分析	8.4	4.5.1	4.5.1
4.5.7 纠正措施	8.5.2	4.5.2	4.5.2
4.5.8 预防措施	8.5.3	4.5.2	4.5.2
		4.5.2	
		(ISO/CD 14004)	

表 7.1(续 5)

企业缺陷预防体系	ISO 9001: 2000	ISO 14001: 1996	PJSAS 18001: 1999
4.6　环境管理体系的运行控制		4.4.6	4.4.6
4.7　职业健康与安全运行控制		4.4.6	4.4.6
4.8　顾客财产	7.5.4	4.4.6	4.4.6
	7.5.4		

7.4　企业缺陷预防体系的有效性评价

7.4.1　评价指标的选取

借鉴国际惯例和已有研究成果,本书提出了衡量企业缺陷预防体系有效性的 16 个关键影响因素,包括领导作用、计划保证、缺陷源辨识、人力资源、顾客承诺、项目管理、能力和培训、沟通和推广、风险控制、资产管理、供应链管理、应急响应、企业缺陷学习、风险监控、绩效评价和管理评审等,并参照吴煜将这些影响因素以 PDCA 循环结构组建结构关系,将计划细分为计划准备和计划落实两个阶段,将实施细分为实施保障和实施过程两个阶段,如图 7.9 所示。

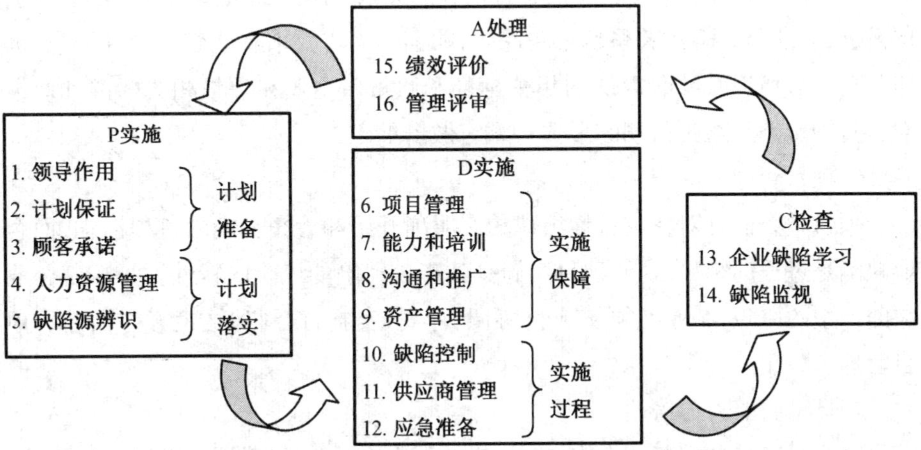

图 7.9　企业缺陷预防体系有效性的影响因素结构图

1. 领导作用

所有管理体系都强调领导对缺陷管理的作用。企业领导层应从战略层面绘制企业的愿景、价值观、目标、实现目标的战略。在实践层面,企业领导层应明确支撑战略的政策体系、业务流程、业务风险、工作准则、管理承诺和计划实施等。

2. 计划保证

计划是保证企业目标实现的战术层面的活动,它能够有效地跟踪、控制目标实现的时间及成本。有效的计划不仅给出了管理体系各元素的详细任务,还考虑了企业的资源利用状况。高度规范的文件化体系是有效计划的重要组成部分,它帮助企业记录目标的实施过程,确保业务按预期顺利开展。

3. 缺陷源辨识

在进行企业缺陷预防前,企业必须依据顾客的需求辨识出产生缺陷的诱因,即缺陷源。本书所提顾客的需求具体包括质量、职业健康、安全、环境和社会责任五类。因此,需要从这五个方面对风险进行识别和评估。

4. 人力资源管理

企业是以人为基础构建的系统,在企业内只有人具有能动性,因此人才结构决定了企业能力。优秀的人力资源管理体现在从招聘到离职全过程对员工进行有效的管理,设计并记录员工的业绩、奖惩和离职等信息,达到促进员工发展的目的。此外,企业变更管理应对组织人事变更进行有效控制。

5. 顾客承诺

Dwyer 等指出承诺代表着企业与顾客的关系缔结达到最高阶段。随着社会的发展,企业与顾客的关系越来越深入,顾客的需求要求企业必须遵守质量、健康、安全、环境以及社会责任的相关标准和政策。企业在评估相关标准和政策对自身的影响后通过信息的形式对顾客做出承诺。

6. 项目管理

项目是企业针对特定目标组建的有明确开始和终止日期的过程活动,而企业缺陷是过程的结果,这使项目实施具备产生缺陷的风险的特性。为控制企业缺陷产生的风险,企业必须从项目协调、计划、实施、控制和结束五方面进行项目管理。

7. 员工的能力与培训

企业员工具备完成工作任务的能力是避免企业缺陷产生的前提和基础。企业应建立培训机制使员工具备并提高工作能力,培训机制包括员工需求分析、员工培训绩效考核、培训的效果、管理者培训、入职培训等。另外，企业还需要对培训机制本身进行评估，大量研究已证明培训机制的有效性与培训模式有着密切的联系。培训模式大致可分为四种：以老师为中心的教授式培训模式、以培训者和被培训者的关系为纽带的完全导师制(即师徒模式)、以管理信息系统为媒介的虚拟网络培训和以团队交流和讨论为手段的学习型组织培训模式。对于培训机制的有效性评价大多以教授式培训模式为研究对象，但对于其他三种模式，尤其是我国企业大量使用的师徒培训模式缺乏系统的评价研究，根据史丽萍等人的观点，在进行员工的能力和培训有效性评价时需要将员工的知识黏性及知识转移效率加入考核范围内。

8. 沟通和推广

良好的沟通机制有利于保持企业内部的顺利运营，确保企业内部的稳定，例如通过各类会议促进企业缺陷问题涉及的部门之间进行沟通和协调，共同解决企业缺陷。良好的沟通机制还能够帮助企业准确捕捉到顾客的需求，保持企业对外部环境的适应性，例如获取第三方组织认证，获得顾客的信任。

9. 缺陷控制

企业确认缺陷存在后应采取合理方式控制缺陷可能带来的危害。控制可分为预防性、发生性和底线控制三个层次。预防性控制从根源上避免企业缺陷的产生，如设计层面充分考虑如何避免企业缺陷的产生。发生性控制能够削弱企业缺陷带来的影响，是对企业缺陷的规制，包括程序、规则、工作许可证和警示标志等措施和内容。底线控制是指对人身和环境保护。

10. 资产管理

大多数情况下，企业缺陷的产生与固定资产有着必然的联系，因此企业应对固定资产进行管理和维护，使其产生缺陷的概率维持在可接受范围内。资产管理涉及的内容包括：资产注册、维护计划与实施、维护记录、常规检查、特殊性检查、资产测试、资产变更管理。

11. 供应商管理

随着社会进步和专业化分工加深，现代企业的运行必须依靠供应链的方式完成自身运营，这直接导致企业缺陷管理范围的延伸。影响供应链绩效的因素有供应商选择、供应商运作、供应商绩效管理和物流四个方面。

12. 应急响应

当企业缺陷发生时，企业针对缺陷的应急响应措施就显得尤为重要。应急响应要求将企业缺陷的影响降至最小，通常包括紧急情况辨识与分类、应急预案与记录、应急通讯及技术支持体系、紧急保护和医疗救助体系、应急控制及应急团队建设、应急培训与演练、接受和实施外引援助。

13. 企业缺陷经验的学习

企业缺陷不仅是威胁和挑战，更是一种资源和机遇。从企业缺陷中得到经验教训并学习成功的管理经验有利于推动企业缺陷管理的持续改进。影响企业缺陷学习的因素有：企业缺陷学习、管理经验共享、企业缺陷调查报告、责任人惩处机制、影响善后机制、企业缺陷预防机制、企业缺陷成因分析。

14. 缺陷监视

缺陷监视是对缺陷的持续关注，它将缺陷源辨识和缺陷控制进行连接并延伸至企业缺陷管理的整个过程，极大促进了企业缺陷管理水平。有效的风险监督机制应能够识别风险控制不足的地方，并进行相应改进。影响企业缺陷监视的因素有：健康监视、安全监视、环境监视、质量监视、监视有效性、行为监视、工作监视、审计。

15. 绩效评价

企业缺陷管理的最终目标是促进企业业绩的提升，从建立企业缺陷管理体系的目的来看企业绩效较大程度受到企业缺陷管理体系目标实现程度的影响。

16. 管理评审

管理评审有利于企业评估管理体系的绩效，并向其顾客传递企业实现社会价值的信号。影响管理评审的因素有：管理评估、评估报告。

综上，本书总结和整理了企业缺陷预防体系的有效性评价指标体系及评分标准，见表 7.2。

表 7.2 企业缺陷预防体系有效性评价的指标体系及评分标准

评价目标	评价准测		关键绩效因素	有效性等级				
				初始级	可定义级	规范级	可管理级	卓越级
				1	2	3	4	5
	计划P	准备	领导层承诺 X_1	很不重视	较不重视	基本重视	比较重视	很重视
			计划保证 X_2	很不规范	较不规范	基本规范	比较规范	很规范
			顾客承诺 X_3	很不全面	较不全面	基本全面	比较全面	很全面
		落实	人力资源 X_4	很差	较差	一船	较好	很好
			缺陷源评估 X_5	很不规范	较不规范	基不规范	比较规范	很规范

表 7.2(续)

评价目标	评价准测		关键绩效因素	有效性等级				
				初始级	可定义级	规范级	可管理级	卓越级
				1	2	3	4	5
企业缺陷预防体系有效性	实施D	保障	项目管理 X_6	很差	较差	一般	较好	很好
			员工的能力与培训 X_7	40%以下	41% ~ 60%	61% ~ 80%	81% ~ 95%	>95%
			沟通与推广 X_8	很差	较差	一般	较好	很好
			资产管理 X_9	很不全面	较不全面	一般	比较全面	很全面
		过程	缺陷控制 X_{10}	很差	较差	一般	较好	很好
			供应链管理 X_{11}	很不规范	较不规范	基本规范	比较规范	很规范
			应急响应 X_{12}	很不规范	较不规范	基本规范	比较规范	很规范
	检查C		企业缺陷经验的学习 X_{13}	很差	较差	一般	较好	很好
			缺陷监视 X_{14}	很不全面	较不全面	一般	比较全面	很全面
	改进A		绩效评价 X_{15}	很不规范	较不规范	基本规范	比较规范	很规范
			管理评审 X_{16}	很不规范	较不规范 基本规范	比较规范	很规范	

7.4.2 评价标准

借鉴卡内基梅隆大学软件工程学院提出的流程成熟度架构，本书将上述指标的等级划分为初始级、可定义级、规范级、可管理级和卓越级五个等级，评分标准如图 7.10 所示。

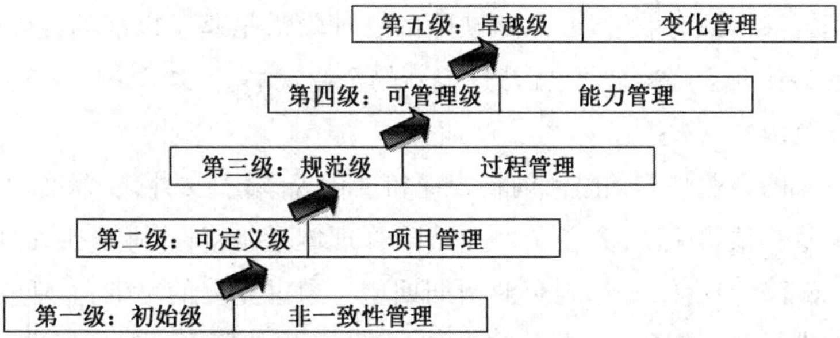

图 7.10 企业缺陷预防体系有效性的评分标准

本书对指标的评价等级描述见表7.3。

表7.3 有效性评价的指标评分标准的解释

名称	解释	特征
初始级	企业缺陷管理混乱无序，主要依靠个人的才能和经验进行反应式驱动管理	无缺陷管理行为
可定义级	建立了专门的机构，采取企业缺陷管理措施来跟踪关键过程，制定了管理制度，能够用以前类似的经验解决已知缺陷	被动缺陷管理行为
规范级	将管理和过程规范化、文件化、标准化，企业员工按照文件即可完成缺陷管理任务，达到企业预期期望	有意识的缺陷管理行为
可管理级	企业的缺陷管理及过程可以量化度量、分析和控制	主动的缺陷管理行为
卓越级	可持续发展的动态管理	动态优化缺陷管理行为

1. 初始级

虽然企业有意愿对企业缺陷进行预防，但处于初始级的企业缺陷预防通常是无意识的，预防活动是无序、混乱的。没有任何部门负责企业缺陷管理，仅依靠与企业缺陷有关的个体的经验和本能对企业缺陷进行预防，预防活动完全随机产生且效果不稳定。

2. 可定义级

可定义级的企业缺陷预防活动有专门的管理部门执行，企业拥有较为明确的管理目标，企业对员工进行了系统的培训来避免缺陷的产生，关键过程或活动的缺陷能够得到有效管理，企业缺陷的管理效果是基于以前的经验解决，但却不了解为什么会产生缺陷，无法适应新的企业缺陷。

3. 规范级

规范级的企业缺陷预防活动将管理和过程规范化、文件化、标准化，定义了企业缺陷及其预防活动，完善了企业缺陷管理体系制度，企业员工按照文件就可以完成缺陷管理任务，达到企业预期期望。通过充分的培训，企业员工不仅能够自主进行有效地预防缺陷，还能找出缺陷产生的原因。但员工进行预防活动的积极性不高，需要纪律加以约束。

4. 可管理级

可管理级的企业缺陷预防活动可以进行量化度量、分析和控制。企业将企业缺陷预防体系的元素都设定了量化目标，并进行量化监测，通过量化数据分析企业缺陷并采取合理的预防措施，保证企业缺陷水平严格控制在目标范围内，对未定义的企业缺陷也能做到可控，大部分员工具有主动预防缺陷的意识。

5. 卓越级

卓越级是企业缺陷预防活动的最高级别，也是一种理想状态，企业缺陷预防能力名列世界前茅，实现了可持续发展的动态缺陷管理，企业员工对企业缺陷预防活动具有完全自主性，并表现出兴奋的状态。

7.4.3　基于突变级数法的预防体系有效性评价

1. 突变级数法的理论基础

突变级数法是一种对评价目标进行多层次矛盾分解，然后利用突变理论与模糊数学相结合产生突变模糊隶属函数，再由归一公式进行综合量化运算，最后归一为一个参数，即求出总的隶属函数，从而对评价目标进行排序分析的一种综合评价方法。

突变级数法是依据突变理论利用动态的拓扑模型来描述、预测自然现象与社会活动中事物连续性中断的质变过程。突变理论的研究对象是系统的势函数。势函数通过系统的控制变量 u 与状态变量 x 描述系统行为，即 $V = V(x,u)$。突变理论把状态曲面的奇点集映射到控制空间，得到状态变量在控制空间的分叉集。处于分叉集中的控制变量值会使势函数发生突变，即从一种状态跃迁至另一种状态。

突变理论是一种客观评价方法，它与其他评价方法比较的优势在于：第一，它不对复杂的底层指标进行赋权，减少了专家对指标的权重打分的主观性和模糊性，避免了人的主观性、模糊性因素对评价结果的影响，同时还考虑了各个评价指标的相对重要性，不失科学性、合理性；第二，操作过程简便，计算简单准确，结果易于理解；第三，能反映系统受渐变或是激变突变因素的影响趋势和动态变化，由于企业缺陷预防体系受到多个控制变量的共同影响，导致企业缺陷的预防存在不确定性和不连续性。从上述三个方面考虑，突变级数法能够有效地评价企业缺陷预防体系有效性。

2. 突变级数法的计算步骤

突变级数法包括以下四个步骤。

①建立有效性评价指标体系的层次结构，并对各级指标按照重要程度排序。对预防体系有效性评估的总目标进行逐级分解，构建指标体系层次结构的倒立树形图。将最底层指标按重要程度从左到右依次排序，一般来说某状态变量的控制变量不宜超过4个，若超过4个则用因子分析法对其进行提纯，保留最有效的4个指标。

②建立突变评估指标体系的突变模型。最常用的是折叠突变、尖点突变、蝴蝶突变和燕尾突变四种模型，见表7.4。可知，折叠突变模型表示上层指标仅唯一对应一个控制变量；尖点突变模型表示上层指标可分解为两个控制变量；蝴蝶突变模型表示上层指标可分解为三个控制变量；蝴蝶突变模型表示上层指标可分解为四个控制变量。

表7.4 突变模型的种类及表达式

突变类型	控制变量	势函数	分叉集	归一公式
折叠突变	1	$f(x)=x^3+u_1x$	$u_1=-3x^2$	$X_{u_1}=\sqrt{u_1}$
尖点突变	2	$f(x)=\frac{1}{4}x^4+\frac{1}{2}u_1x^2+u_2x$	$u_1=-6x^2, u_2=8x^3$	$X_{u_1}=\sqrt{u_1}, X_{u_2}=\sqrt[3]{u_2}$
燕尾突变	3	$f(x)=\frac{1}{5}x^5+\frac{1}{3}u_1x^3+\frac{1}{2}u_2x^2+u_3x$	$u_1=-6x^2$ $u_2=8x^3$, $u_3=-3x$	$X_{u_1}=\sqrt{u_1}$ $X_{u_2}=\sqrt[3]{u_2}$ $X_{u_3}=\sqrt[4]{u_3}$
蝴蝶突变	4	$f(x)=\frac{1}{6}x^6+\frac{1}{4}u_1x^4+\frac{1}{3}u_2x^3+\frac{1}{2}u_3x^2+u_4x$	$u_1=-10x^2$ $u_2=20x^3$ $u_3=-15x^4$ $u_4=-4x^5$	$X_{u_1}=\sqrt{u_1}$ $X_{u_2}=\sqrt[3]{u_2}$ $X_{u_3}=\sqrt[4]{u_3}$ $X_{u_4}=\sqrt[5]{u_4}$

③根据突变模型的分叉方程推导归一化公式（见表7.4"归一公式"列）。折叠突变模型的分歧点为

$$u_1 = -3x^2,$$

归一化公式为

$$X_{u_1} = \sqrt{u_1}$$

尖点突变模型的分歧点为

$$u_1 = -6x^2, u_2 = 8x^3$$

归一化公式为

$$X_{u_1} = \sqrt{u_1}, X_{u_2} = \sqrt[3]{u_2}$$

燕尾突变模型的分歧点为

$$u_1 = -6x^2, u_2 = 8x^3, u_3 = -3x$$

归一化公式为

$$X_{u_1} = \sqrt{u_1}, X_{u_2} = \sqrt[3]{u_2}, X_{u_3} = \sqrt[4]{u_3}$$

蝴蝶突变模型的分歧点为

$$u_1 = -10x^2, u_2 = 20x^3, u_3 = -15x^4, u_4 = -4x^5$$

归一化公式为

$$X_{u_1} = \sqrt{u_1}, X_{u_2} = \sqrt[3]{u_2}, X_{u_3} = \sqrt[4]{u_3}$$

④将原始数据进行标准化处理后代入相应突变模型的归一公式，计算状态变量的相对隶属度。对折叠突变模型、燕尾突变模型和蝴蝶突变模型的指标使用互补性原则进行综合计算，即取所有指标和的平均值；对尖点突变模型的指标使用非互补性原则进行计算，即取两者的最小值。

7.5 实证研究

7.5.1 数据收集

本书按表7.2的指标体系制作调查问卷（见附录C）并向Z企业发放了47份，其中有效问卷40份，有效问卷比例为83.93%，统计结果见表7.5，归一化结果见表7.6。

7.5.2 数据处理

(1)建立有效性评价指标体系的层次结构，并对各级指标按照重要程度

排序

为克服各指标排序主观性较强的问题，本书使用改进熵值法确定计划准备、计划落实、实施保障、实施过程、检查和改进等一级指标的权重和下一层次的各二级指标的权重，并从大到小进行排序，结果见表 7.7。

表 7.5　调查问卷统计结果

编号	指标															
	X_1	X_2	X_3	X_4	X_5	X_6	X_7	X_8	X_9	X_{10}	X_{11}	X_{12}	X_{13}	X_{14}	X_{15}	X_{16}
1	3	2	2	4	1	2	3	2	3	2	1	2	2	2	2	1
2	2	2	3	3	2	3	3	3	3	1	2	4	2	3	3	4
3	3	2	2	1	1	2	1	1	1	1	2	1	4	1	1	4
4	4	2	2	3	3	3	3	4	2	2	4	2	4	4	2	2
5	2	1	1	2	3	2	2	4	1	2	3	4	3	1	4	4
6	3	2	1	1	1	3	2	2	3	4	4	3	2	4	2	3
7	3	1	2	3	1	2	3	3	4	1	3	1	3	4	4	2
8	3	2	3	2	4	2	4	2	4	1	3	2	1	1	4	1
9	3	1	2	2	1	3	1	2	2	4	3	1	3	1	4	3
10	3	2	2	2	2	1	2	4	1	3	3	2	1	2	4	1
11	2	2	1	3	2	3	4	2	1	2	3	4	3	4	2	1
12	2	1	3	1	2	2	3	3	3	3	2	2	3	1	3	3
13	1	1	2	2	2	1	3	3	3	2	4	1	1	4	4	1
14	4	2	2	3	1	2	2	2	4	2	2	3	3	2	4	4
15	2	1	1	1	3	1	2	3	4	4	3	2	4	1	3	2
16	2	1	3	3	3	2	3	1	4	2	2	2	4	1	1	4
17	4	3	2	3	1	1	3	3	1	3	3	4	2	2	1	3
18	4	1	4	2	3	3	4	3	3	2	2	1	1	1	3	4
19	2	3	2	2	3	3	2	4	3	1	2	3	3	1	2	4
20	4	2	2	3	2	4	2	4	2	1	2	4	1	2	4	1
21	3	3	1	2	1	4	2	3	4	3	1	3	2	4	1	1
22	2	1	2	1	4	4	2	2	4	1	2	1	3	4	2	4

表 7.5(续 1)

编号	指标															
	X_1	X_2	X_3	X_4	X_5	X_6	X_7	X_8	X_9	X_{10}	X_{11}	X_{12}	X_{13}	X_{14}	X_{15}	X_{16}
23	3	1	3	3	1	3	2	3	3	2	3	2	2	3	4	3
24	2	3	3	2	4	2	3	3	1	3	2	2	2	3	2	4
25	2	2	2	3	2	1	3	2	1	2	1	4	2	3	4	3
26	2	3	2	3	1	4	3	3	4	4	2	1	1	4	3	2
27	4	2	1	2	1	2	2	1	4	3	4	4	1	1	2	1
28	3	1	3	3	4	2	2	2	4	4	4	1	1	1	4	3
29	2	1	2	3	4	4	3	1	4	2	4	1	1	4	2	4
30	2	3	3	2	2	1	3	2	4	1	1	1	3	3	1	3
31	3	3	1	2	3	3	3	3	4	1	2	3	3	2	2	4
32	2	3	4	2	1	2	4	3	3	4	4	1	4	1	1	3
33	2	2	2	2	1	1	3	2	3	1	3	4	4	1	1	3
34	2	3	3	4	1	4	4	3	1	2	2	2	1	1	4	4
35	2	1	2	2	1	1	2	1	2	4	3	1	2	2	2	2
36	2	3	2	3	2	3	1	4	3	4	2	1	3	3	4	3
37	3	3	3	3	2	4	2	4	2	3	1	4	1	3	3	3
38	3	2	3	1	2	2	1	2	2	1	1	3	2	1	1	1
39	3	3	2	3	1	3	2	4	4	3	2	3	2	2	4	2
40	1	1	4	2	3	3	3	3	1	1	3	1	4	2	2	2

表 7.6　归一化统计结果

编号	指标															
	X_1	X_2	X_3	X_4	X_5	X_6	X_7	X_8	X_9	X_{10}	X_{11}	X_{12}	X_{13}	X_{14}	X_{15}	X_{16}
1	0.5	0.25	0.25	0.75	0	0.25	0.5	0.25	0.5	0.25	0	0.25	0.25	0.25	0.25	0
2	0.25	0.25	0.5	0.5	0.25	0.5	0.5	0.5	0.5	0	0.25	0.75	0.25	0.5	0.5	0.75
3	0.5	0.25	0.25	0	0	0.25	0	0	0	0	0.25	0	0.75	0	0	0.75
4	0.75	0.25	0.25	0.5	0.5	0.5	0.5	0.75	0.25	0.25	0.75	0.25	0.75	0.75	0.25	0.25
5	0.25	0	0	0.25	0.5	0.25	0.25	0.75	0	0.25	0.5	0.75	0.5	0	0.75	0.75

表 7.6(续 1)

编号	指标															
	X_1	X_2	X_3	X_4	X_5	X_6	X_7	X_8	X_9	X_{10}	X_{11}	X_{12}	X_{13}	X_{14}	X_{15}	X_{16}
6	0. 5	0. 25	0	0	0	0. 5	0. 25	0. 25	0. 5	0. 75	0. 75	0. 5	0. 25	0. 75	0. 25	0. 5
7	0. 5	0	0. 25	0. 5	0	0. 25	0. 5	0. 5	0. 75	0	0. 5	0	0. 5	0. 75	0. 75	0. 25
8	0. 5	0. 25	0. 5	0. 25	0. 75	0. 25	0. 75	0. 25	0. 75	0	0. 5	0. 25	0	0	0. 75	0
9	0. 5	0	0. 25	0. 25	0	0. 5	0	0. 25	0. 25	0. 75	0. 5	0	0. 5	0	0. 75	0. 5
10	0. 5	0. 25	0. 25	0. 25	0. 25	0	0. 25	0. 75	0	0. 5	0. 5	0. 25	0	0. 25	0. 75	0
11	0. 25	0. 25	0	0. 5	0. 25	0. 5	0. 75	0. 25	0	0. 25	0. 5	0. 75	0. 5	0. 75	0. 25	0
12	0. 25	0	0. 5	0	0. 25	0. 25	0. 5	0. 5	0. 5	0. 5	0. 25	0. 25	0. 5	0	0. 5	0. 5
13	0	0	0. 25	0. 25	0. 25	0	0. 5	0. 5	0. 5	0. 25	0. 75	0	0	0. 75	0. 75	0. 5
14	0. 75	0. 25	0. 25	0. 5	0	0. 25	0. 25	0. 25	0. 75	0. 25	0. 25	0. 5	0. 5	0. 25	0. 75	0. 75
15	0. 25	0	0	0	0. 5	0	0. 25	0. 5	0. 75	0. 75	0. 5	0. 25	0. 75	0	0. 5	0. 25
16	0. 25	0	0. 5	0. 5	0. 5	0. 25	0. 5	0	0. 75	0. 25	0. 25	0. 25	0. 75	0	0	0. 75
17	0. 75	0. 5	0. 25	0. 5	0	0	0. 5	0. 5	0	0. 5	0. 5	0. 75	0. 25	0. 25	0	0. 5
18	0. 75	0	0. 75	0. 25	0. 5	0. 5	0. 75	0. 5	0. 5	0. 25	0. 25	0	0	0	0. 5	0. 75
19	0. 25	0. 5	0. 25	0. 25	0. 5	0. 5	0. 25	0. 75	0. 5	0	0. 25	0. 5	0. 5	0	0. 25	0. 75
20	0. 75	0. 25	0. 25	0. 5	0. 25	0. 75	0. 25	0. 75	0. 25	0	0. 25	0. 75	0	0. 25	0. 75	0
21	0. 5	0. 5	0	0. 25	0	0. 75	0. 25	0. 5	0. 75	0. 5	0	0. 5	0. 25	0. 75	0	0
22	0. 25	0	0. 25	0	0. 75	0. 75	0. 25	0. 25	0. 75	0	0. 25	0	0. 5	0. 75	0. 25	0. 75
23	0. 5	0	0. 5	0. 5	0	0. 5	0. 25	0. 5	0. 5	0. 25	0. 5	0. 25	0. 25	0. 5	0. 75	0. 5
24	0. 25	0. 5	0. 5	0. 25	0. 75	0. 25	0. 5	0. 5	0	0. 5	0. 25	0. 25	0. 25	0. 5	0. 25	0. 75
25	0. 25	0. 25	0. 25	0. 5	0. 25	0	0. 5	0. 25	0	0. 25	0	0. 75	0. 25	0. 5	0. 75	0. 5
26	0. 25	0. 5	0. 25	0. 5	0	0. 75	0. 5	0. 5	0. 75	0. 75	0. 25	0	0	0. 75	0. 5	0. 25
27	0. 75	0. 25	0	0. 25	0	0. 25	0. 25	0	0. 75	0. 5	0. 75	0. 75	0	0	0. 25	0
28	0. 5	0	0. 5	0. 5	0. 75	0. 25	0. 25	0. 25	0. 75	0. 75	0. 75	0	0	0	0. 75	0. 5
29	0. 25	0	0. 25	0. 5	0. 75	0. 75	0. 5	0	0. 75	0. 25	0. 75	0	0	0. 75	0. 25	0. 75
30	0. 25	0. 5	0. 5	0. 25	0. 25	0	0. 5	0. 25	0. 75	0	0	0	0. 5	0. 5	0	0. 5
31	0. 5	0. 5	0	0. 25	0. 5	0. 5	0. 5	0. 5	0. 75	0	0. 25	0. 5	0. 5	0. 25	0. 25	0. 75
32	0. 25	0. 5	0. 75	0. 25	0	0. 25	0. 75	0. 5	0. 5	0. 75	0. 75	0	0. 75	0	0	0. 5

表 7.6(续 2)

编号	指标															
	X_1	X_2	X_3	X_4	X_5	X_6	X_7	X_8	X_9	X_{10}	X_{11}	X_{12}	X_{13}	X_{14}	X_{15}	X_{16}
33	0. 25	0. 25	0. 25	0. 25	0	0	0. 5	0. 25	0. 5	0	0. 5	0. 75	0. 75	0	0	0. 5
34	0. 25	0. 5	0. 5	0. 75	0	0. 75	0. 75	0. 5	0	0. 25	0. 25	0. 25	0	0	0. 75	0. 75
35	0. 25	0	0. 25	0. 25	0	0	0. 25	0	0. 25	0. 75	0. 5	0	0. 25	0. 25	0. 25	0. 25
36	0. 25	0. 5	0. 25	0. 5	0. 25	0. 5	0	0. 75	0. 5	0. 75	0. 25	0	0. 5	0. 5	0. 75	0. 5
37	0. 5	0. 5	0. 5	0. 5	0. 25	0. 75	0. 25	0. 75	0. 25	0. 5	0	0. 75	0	0. 5	0. 5	0. 5
38	0. 5	0. 25	0. 5	0	0. 25	0. 25	0	0. 25	0. 25	0	0	0. 5	0. 25	0	0	0
39	0. 5	0. 5	0. 25	0. 5	0	0. 5	0. 25	0. 75	0. 75	0. 5	0. 25	0. 5	0. 25	0. 25	0. 75	0. 25
40	0	0	0. 75	0. 25	0. 5	0. 5	0. 5	0. 5	0	0	0. 5	0	0. 75	0. 25	0. 25	0. 25

表 7.7　企业缺陷预防体系有效性评价的指标权重

评价目标	一级指标		状态变量权重	二级指标	控制变量相对权重
企业缺陷预防体系有效性 Z	计划	准备 Y_1	0. 190 3	领导层承诺 X_1	0. 349 2
				计划保证 X_2	0. 315 1
				顾客承诺 X_3	0. 335 7
	实施	落实 Y_2	0. 1225	人力资源 X_4	0. 528 7
				缺陷源评估 X_5	0. 471 3
		实施保障 Y_3	0. 257 2	项目管理 X_6	0. 245 9
				员工的能力与培训 X_7	0. 255 3
				沟通与推广 X_8	0. 253 2
				资产管理 X_9	0. 245 6
		实施过程 Y_4	0. 184 0	缺陷控制 X_{10}	0. 328 9
				供应链管理 X_{11}	0. 349 4
				应急响应 X_{12}	0. 321 7

表 7.7(续)

评价目标	一级指标	状态变量权重	二级指标	控制变量相对权重
	检查 Y_5	0.120 0	企业缺陷学习 X_{13}	0.512 1
			缺陷监视 X_{14}	0.487 9
	改进 Y_6	0.126 1	绩效评价 X_{15}	0.499 9
			管理评审 X_{16}	0.500 1

改进熵值法确定权重的具体步骤如下：

①对原始数据进行无纲量化处理，将指标进行标准化

$$x'_{ij} = \frac{(x_{ij} - x_j)}{\sigma_j} \tag{7-1}$$

式中 x'_{ij}——标准化后的指标值；

x_{ij}——第 i 个对象第 j 项指标的原始值；

x_j——第 j 项指标的均值；

σ_j——第 j 项指标的标准差，$i=1,2,\cdots,n,j=1,2,\cdots,m$。

②为消除负数的影响，将坐标进行平移

$$x''_{ij} = x'_{ij} + D \tag{7-2}$$

式中 x''_{ij}——平移后的指标值；

D——平移的幅度。

③计算指标 x''_{ij}的比重 r_i

$$r_{ij} = \frac{x''_{ij}}{\sum_{i=1}^{m} x''_{ij}} \tag{7-3}$$

④计算第 j 项指标的熵值 e_j

$$e_j = -\left(\frac{1}{\ln m}\right)\sum_{i=1}^{m} r_{ij}\ln r_{ij} \tag{7-4}$$

式中 m——参与调查的人数，$i=1,2,\cdots,m$。

⑤计算第 j 项指标权重 w_j

$$w_j = \frac{1 - e_j}{\sum_{j=1}^{n}(1 - e_j)} \tag{7-5}$$

⑥对于多层结构的评价体系，将单指标的子指标效用值相加，得到相应的

上层指标效用值，进而得到相应上层指标的权重。

企业缺陷预防有效性评价结果的计算公式为

$$Z=0.1903Y_1+0.1225Y_2+0.2572Y_3+0.1840Y_4+0.1200Y_5+0.1261Y_6 \tag{7-6}$$

各二级指标的排序结果如下。

①计划准备 Y_1 下指标从左到右的顺序依次为：领导层承诺 X_1、顾客承诺 X_3 和计划保证 X_2。

②计划落实 Y_2 下指标从左到右的顺序依次为：人力资源 X_4、缺陷源评估 X_5。

③实施保障 Y_3 下指标从左到右的顺序依次为：员工能力与培训 X_7、沟通与推广 X_8、项目管理 X_6、资产管理 X_9。

④实施过程 Y_4 下指标从左到右的顺序依次为：供应链管理 X_{11}、缺陷控制 X_{10}、应急响应 X_{12}。

⑤检查 Y_5 下指标从左到右的顺序依次为：企业缺陷学习 X_{13}、缺陷监视 X_{14}。

⑥改进 Y_6 下指标从左到右的顺序依次为：管理评审 X_{16}、绩效评价 X_{15}。

(2)建立突变评估指标体系的突变模型

①计划准备 Y_1 的3个二级指标领导层承诺 X_1、顾客承诺 X_3 和计划保证 X_2 构成燕尾突变模型。

②计划落实 Y_2 的2个二级指标人力资源 X_4、缺陷源评估 X_5 构成尖点突变模型。

③实施保障 Y_3 的4个二级指标沟通与推广 X_8、资产管理 X_9、员工能力与培训 X_4、项目管理 X_4 构成蝴蝶突变模型。

④实施过程 Y_4 的3个二级指标供应链管理 X_{11}、缺陷控制 X_{10}、应急响应 X_{12} 构成燕尾突变模型。

⑤检查 Y_5 的2个二级指标企业缺陷学习 X_{13}、缺陷监视 X_{14} 构成尖点突变模型。

⑥改进 Y_6 的2个二级指标管理评审 X_{16}、绩效评价 X_{15} 构成尖点突变模型。根据计算结果构建企业缺陷预防体系有效性评价指标的倒立树形图，越往左重要程度越高，见图7.11。

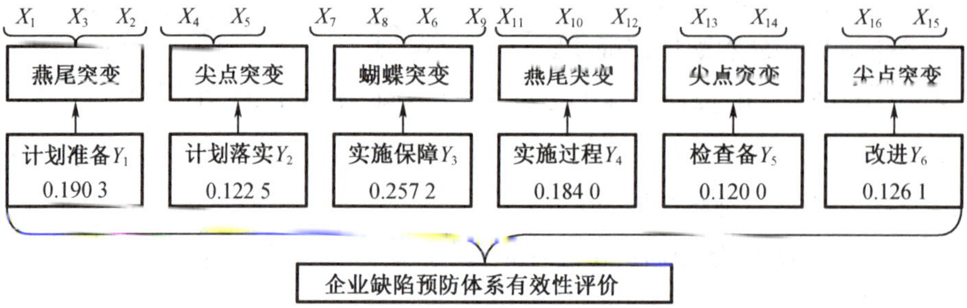

图 7.11 企业缺陷预防体系有效性评价指标的层次结构图

(3)根据突变模型的分叉方程推导归一化公式

①计划准备 Y_1 的归一化公式为

$$Y_1=(X_1^{1/2}+X_3^{1/3}+X_2^{1/4})/3。$$

②计划落实 Y_2 的归一化公式为

$$Y_2=\min(X_4^{1/2},X_5^{1/3})。$$

③实施保障 Y_3 的归一化公式为

$$Y_3=(X_7^{1/2}+X_8^{1/3}+X_6^{1/4}+X_9^{1/5})/4。$$

④实施过程 Y_4 的归一化公式为

$$Y_4=(X_{11}^{1/2}+X_{10}^{1/3}+X_{12}^{1/4})/3。$$

⑤检查 Y_5 的归一化公式为

$$Y_5=\min(X_{13}^{1/2},X_{14}^{1/3})。$$

⑥改进 Y_6 的归一化公式为

$$Y_6=\min(X_{16}^{1/2},X_{15}^{1/3})。$$

(4)根据上述步骤的归一化公式,分别计算计划准备、计划落实、实施保障、实施过程、检查和改进的相对隶属度,根据式(7-6)计算企业缺陷预防体系的综合有效性,企业缺陷预防体系有效性标准评分 $Z=0.492\ 8$,有效性等级为 2.463 9,结果见表 7.8。

表 7.8 企业缺陷管理体系有效性评价结果

调查者编号	一级指标					
	计划准备	计划落实	实施保障	实施过程	检查	改进
1	0.681 4	0.000 0	0.728 7	0.445 7	0.500 0	0.000 0

表 7.8(续1)

调查者编号	一级指标					
	计划准备	计划落实	实施保障	实施过程	检查	改进
2	0.666 9	0.630 0	0.803 1	0.476 9	0.500 0	0.793 7
3	0.681 4	0.000 0	0.176 8	0.166 7	0.000 0	0.000 0
4	0.734 4	0.707 1	0.803 6	0.734 4	0.866 0	0.500 0
5	0.166 7	0.500 0	0.528 9	0.755 9	0.000 0	0.866 0
6	0.471 4	0.000 0	0.710 4	0.871 8	0.500 0	0.630 0
7	0.445 7	0.000 0	0.788 0	0.235 7	0.707 1	0.500 0
8	0.736 0	0.500 0	0.786 8	0.471 4	0.000 0	0.000 0
9	0.445 7	0.000 0	0.557 2	0.538 6	0.000 0	0.707 1
10	0.681 4	0.500 0	0.352 1	0.736 0	0.000 0	0.000 0
11	0.402 4	0.630 0	0.584 2	0.755 9	0.707 1	0.000 0
12	0.431 2	0.000 0	0.769 6	0.666 9	0.000 0	0.707 1
13	0.210 0	0.500 0	0.592 8	0.498 7	0.000 0	0.000 0
14	0.734 4	0.000 0	0.695 3	0.657 0	0.630 0	0.866 0
15	0.166 7	0.000 0	0.559 4	0.774 3	0.000 0	0.500 0
16	0.431 2	0.707 1	0.589 6	0.612 4	0.000 0	0.000 0
17	0.779 0	0.000 0	0.375 2	0.810 5	0.500 0	0.000 0
18	0.591 5	0.500 0	0.842 8	0.376 7	0.000 0	0.793 7
19	0.657 0	0.500 0	0.780 0	0.447 0	0.000 0	0.630 0
20	0.734 4	0.630 0	0.774 3	0.476 9	0.000 0	0.000 0
21	0.516 0	0.000 0	0.792 1	0.544 9	0.500 0	0.000 0
22	0.376 7	0.000 0	0.751 2	0.166 7	0.707 1	0.630 0
23	0.500 3	0.000 0	0.751 3	0.681 4	0.500 0	0.707 1
24	0.711 5	0.500 0	0.552 0	0.666 9	0.500 0	0.630 0
25	0.612 4	0.630 0	0.334 3	0.520 2	0.500 0	0.707 1
26	0.657 0	0.000 0	0.843 9	0.469 5	0.000 0	0.500 0
27	0.524 4	0.000 0	0.537 8	0.863 4	0.000 0	0.000 0
28	0.500 3	0.707 1	0.695 3	0.591 5	0.000 0	0.707 1
29	0.376 7	0.707 1	0.645 4	0.498 7	0.000 0	0.630 0

表 7.8(续 2)

调查者编号	一级指标					
	计划准备	计划落实	实施保障	实施过程	检查	改进
30	0.711 5	0.500 0	0.570 3	0.000 0	0.707 1	0.000 0
31	0.516 0	0.500 0	0.821 4	0.447 0	0.630 0	0.630 0
32	0.749 8	0.000 0	0.809 3	0.591 5	0.000 0	0.000 0
33	0.612 4	0.000 0	0.551 9	0.545 9	0.000 0	0.000 0
34	0.711 5	0.000 0	0.647 6	0.612 4	0.000 0	0.866 0
35	0.376 7	0.000 0	0.314 5	0.538 6	0.500 0	0.500 0
36	0.657 0	0.630 0	0.655 0	0.469 5	0.707 1	0.707 1
37	0.780 6	0.630 0	0.774 3	0.574 8	0.000 0	0.707 1
38	0.736 0	0.000 0	0.523 7	0.280 3	0.000 0	0.000 0
39	0.726 0	0.000 0	0.798 4	0.711 5	0.500 0	0.500 0
40	0.302 9	0.500 0	0.585 4	0.235 7	0.630 0	0.500 0
相对隶属度均值	0.562 6	0.290 2	0.643 8	0.538 0	0.282 3	0.410 4
有效性评价标准结果	0.492 8					
有效性评价结果等级	2.463 9					

7.5.3 评价结果分析

1. 整体评价

由结果可知,Z 企业的缺陷预防体系有效性远远超过了“已定义级”,近似达到“规范级”水平。评价结果表明企业缺陷预防活动已实现了管理和过程规范化、文件化、标准化,能够定义了企业缺陷及其预防活动,具有完善企业缺陷预防的制度,企业员工按照文件即可完成缺陷管理任务,达到企业预期期望。通过充分的培训,企业员工不仅能够有效地预防缺陷,还能找出缺陷产生的原因。但员工进行预防活动的积极性不高,需要纪律加以约束。

2. 改进分析

图 7.12 是 Z 企业的企业缺陷预防体系有效性平均得分水平，由图 7.12 和关键影响因素的描述性统计，见表 7.9，可知，Z 企业的 6 个一级指标得分的取值范围为 1.411 4 ~ 3.219 2，其中最成熟的是实施保障方面，最不成熟的是计划落实方面。平均成熟度为 2.2727，波动程度为 0.752 0，最大波动率为 87.69%，说明 Z 企业的企业缺陷预防体系各方面存在发展不均衡的局面，如计划落实（1.411 4）和检查（1.451 0）两个方面亟待加强建设和完善，确保企业完全超越“规范级”水平，向“可管理级”的管理体系迈进。

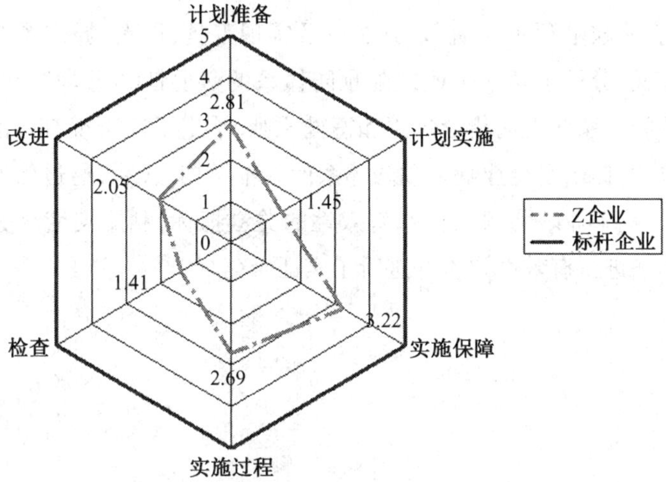

图 7.12　Z 企业的企业缺陷预防体系有效性平均得分水平

表 7.9　关键影响因素的描述性统计

	最大有效性	最小有效性	平均有效性	有效性波动程度
有效性	3.219 2	1.411 4	2.272 7	0.752 0
波动率	41.65%	87.69%		
对应绩效因素	实施保障	计划落实		

7.6 本章小结

本章认为企业缺陷的预防类似于医学对疾病的预防，秉承将应急管理转化为常态化管理的思想，提倡将企业缺陷的诊断和治疗过程进行标准化处理，以提高企业应对危机的能力和速度，主张企业应该主动、提前采取健康防护措施将企业缺陷消灭在萌芽状态。

首先，本章界定了企业缺陷预防的内涵；其次，研究了企业缺陷的预防机制，分析了企业缺陷预防的动力、方法以及实现工具；再次，界定了企业缺陷预防体系的定义，分析了建立企业缺陷预防体系的必要性和可行性，明确提出了企业缺陷预防体系构建的指导思想和遵循原则，给出了基于现有标准化管理体系的整合方法，提出了企业缺陷预防体系的基本结构；最后，通过借鉴和分析选取了16个影响企业缺陷预防体系有效性的关键指标，利用突变级数法对企业缺陷预防体系进行有效性评价并进行了实证研究。

结　束　语

本书以企业仿生学理论为基础,从生命型企业和企业缺陷引发企业疾病的视角研究基于医学思维的企业缺陷管理模式。借鉴医学中医患之间的信息交流确定疾病的观点,提出企业缺陷的信息传递应该贯穿企业缺陷管理的整个过程,是企业缺陷管理的基础。融合医学思维的管理理念和管理流程,借鉴标准化管理的思想和过程,得到基于医学思维的“诊断—治疗—预防”管理模式,为实现企业缺陷的一体化管理提供理论基础,整合了现有的企业缺陷管理理论,拓宽了研究视野和思路。通过已有研究结果,本书主要得到如下结论。

①通过对这五种缺陷的危害特征和管理方式的相似性进行分析,提出用“企业缺陷”这一整合概念统一地描述质量缺陷、安全缺陷、环境缺陷、职业健康缺陷和社会责任缺陷等五种成熟的企业和顾客共同认可的缺陷。本书把这五种缺陷都认定是企业的生产经营活动的某一过程形成的结果。它们是由顾客特定的某类需求提升而在企业内部形成的,但对顾客产生危害,对这些缺陷的管理责任逐渐由企业内部转移到企业外部,这是企业缺陷的两大显著特点,即“外部性”和“双向驱动管理”。

②基于医学思维的企业缺陷管理模式应遵循以现代医学理论为核心的“诊断—治疗—预防”的基本模式,并创造性地加入了企业缺陷信息的传递机制作为联结三大步骤的纽带。本书将企业视为生存在经济和市场环境中的复杂、动态的特殊生命系统,企业缺陷则是导致企业生命体产生“疾病”的致病因子,因此对企业缺陷管理应借鉴医学思维的管理理念和流程,构建基于医学思维的企业缺陷管理理论基础,以衡量“企业生存意义”的生命型企业绩效评价代替以衡量财务指标的传统企业绩效评价。

③企业缺陷的信息传递效果主要受到信息的真实性和顾客的信任程度两个因素的影响。通过对企业缺陷的信息传递现状分析发现,信息化程度是制约企业缺陷管理的重要因素,企业应通过建立全方位覆盖的企业缺陷管理信息化平台来提高企业缺陷信息的真实性。另外,根据信息传递博弈模型的博弈均衡及其出现条件的讨论,提出企业应该获取从生产到流通整个环节的企业缺陷认

证，保证顾客对企业缺陷信息的信任程度。

④基于医学思维的企业缺陷诊断将顾客缺陷感知价值作为诊断标准，提出了用随机游走模型来模拟缺陷信息传递导致顾客感知价值变化的过程，这不但验证了随机游走模型在质量管理中应用的有效性，还拓展了随机游走模型的应用领域，为产品质量、环境、职业健康和社会责任等一系列问题的整合提供了方法支持。

⑤企业缺陷治疗的本质就是以最小的治疗成本将企业生命体的健康状态尽快恢复到可接受的水平。企业可以利用 QFD 理论将诊断发现的缺陷基因进行重要性排序，确定治疗的优先顺序。企业和顾客的博弈均衡结果说明，企业的治疗决策除了受企业的治疗成本 $\lambda\pi$ 影响外，还受到顾客的需求变化 Z 和处罚金 F 的影响。另外，企业应根据治疗成本的比较决定治疗类型的选择。

⑥企业缺陷的预防是企业缺陷管理活动的核心和基础，预防企业缺陷的有效机制是建立基于标准整合的企业缺陷预防体系，并持续对企业缺陷预防体系的有效性进行衡量。本书按照过程方法对现有标准管理体系进行整合，给出了企业缺陷预防体系的节本结构，并提出了 16 个影响企业缺陷预防体系有效性的关键因素，并将这些影响因素在 PDCA 的基础上进一步划分为计划准备、计划落实、实施保障、实施过程、检查和改进六个部分，并利用突变级数法给出了企业缺陷预防体系有效性衡量的一种可行办法，这些指标对指导和衡量企业缺陷预防的效果具有重要的意义。

基于医学思维的企业缺陷管理是一个巨大的系统工程，本书试图利用各种定量化工具模拟和仿真这种企业健康状态的变化规律，实现企业缺陷导致企业生命体产生疾病的现象从抽象到具象的转变。但作者受时间、精力和研究方向等因素的限制，本研究尚存有诸多不足和有待完善之处。例如，本书在构建量化模型之前进行了理想化假设，这会影响到量化模型反映和解决问题的真实性和实用性；本研究在参数选择方面还有很大的改进空间；企业生命体的系统结构一直是变化和发展的，而且企业生命体的健康指标是基于相对稳定的大型企业所设定的，对于初创企业或中小企业的适用性不强等。

基于医学思维的企业缺陷管理研究还应从以下方面进一步完善：

①对企业缺陷的致病机理尚需深入研究，尤其是企业免疫系统对企业缺陷的免疫机制；

②在诊断模型方面，本书认为应将产品质量、环境安全、职业健康和社会责任等一系列问题作为统一对象进行建模和管理，但是除了本书提及的产品质量

随机游走模型和已有的环境监测随机游走模型,职业健康安全和社会责任的建模问题仍有待研究;

③企业缺陷的治疗效果应进行系统的评价研究;

④本书提出了基于过程的管理体系整合方法只是现阶段基于现实的过渡方案和思维,构建完全动态的企业缺陷管理体系必须要依靠制定一体化管理体系方案或平台标准来实现,这是未来的研究方向。

附录 A　调 查 问 卷

A1　企业缺陷管理调查问卷

尊敬的先生/女士：

您好！本次调查旨在了解贵企业对质量、环境、职业健康安全和企业社会责任等缺陷的管理状态，对可能存在的问题作出判断。请您根据企业的实际情况认真如实填写。衷心感谢您的合作与支持！

一、基本信息

1. 您所在企业的员工规模

□2 000 人以上　　□300～200 0 人　　□300 人以下

2. 您所在企业的类型

□煤矿　　□非煤矿山　　□危险化学品

□交通运输　　□冶金　　□烟花爆竹

□建筑施工　　□核工业

□电力　　□其他__________

3. 您所在企业的归属区域

□东北　　□华北　　□华东

□华南　　□西北　　□西南

二、企业、政府和顾客对企业缺陷管理需求

1. 您认为企业缺陷管理应该重点关注以下哪些工作（限选四项）

□减少经济损失　　□减少设备损失　　□减少员工伤亡

□保持企业公众形象　　□尽早恢复正常生产

□减小对企业凝聚力的影响　　□尽早发现事故

□尽快控制缺陷态势 □其他__________

2. 您认为企业缺陷管理受以下哪些因素的影响(限选五项)

□法律法规	□应急平台建设	□财政补贴
□缺陷监管和反应预案	□缺陷监管机构	□缺陷管理教育
□领导缺陷管理意识	□缺陷管理预案	□缺陷监测
□缺陷信息管理	□缺陷管理部门	□缺陷管理演练
□缺陷管理人员	□应急救援队伍	□缺陷管理物资储备
□缺陷管理设备储备	□缺陷责任认定	□缺陷管理总结
□缺陷赔偿制度	□缺陷管理绩效考核	□缺陷管理认证机构
□自发筹集资金	□第三方缺陷管理机构	□媒体传播

□其他__________

三、企业缺陷管理可推广性经验

您所在企业的企业缺陷管理最突出的有以下哪几方面工作?

(1)领导缺陷管理意识

(2)缺陷应急预案

(3)缺陷监测

(4)缺陷信息上报制度

(5)缺陷管理部门设置

(6)缺陷管理培训

(7)缺陷管理人员素质

(8)应急救援队伍建设

(9)应急物资储备

(10)应急设备储备

(11)缺陷责任认定

(12)缺陷管理经验总结

(13)缺陷赔偿制度

(14)缺陷管理绩效考核

(15)其他方面__________

请就以上选项在表 A1 中做出适当说明。

表 A1

突出方面	具体做法	效果表现

四、企业缺陷管理标准与规章制度

说明:表 A2 中列出了企业缺陷管理相关规章制度,若贵企业有该规章制度请打"√",若没有无需填写,如果有除此之外的其他制度,请您补充在最下方。

表 A2 企业现有缺陷管理规章制度统计表

企业缺陷管理规章制度名称	若贵企业有该规章制度请打"√"
企业缺陷管理响应程序	
企业缺陷管理制度	
缺陷排查制度	
企业缺陷管理教育和培训制度	
企业缺陷管理应急预案	
企业缺陷管理应急预案演练制度	
缺陷调查处理制度	
缺陷统计、报告和分析制度	
缺陷通报制度	
缺陷管理物资储备制度	
缺陷管理应急救援指挥流程	
缺陷管理应急通讯与信息保障制度	
企业缺陷行政责任追究制度	
企业缺陷管理考核制度	
企业缺陷管理奖惩制度	
其他(请补充)	

本问卷至此结束,再次感谢您的积极配合与热心支持!

A2 公众调查问卷

尊敬的先生/女士:

您好!本次调查旨在了解您是否经历过质量、环境、职业健康安全和企业社会责任等缺陷的侵害,对企业缺陷管理可能存在的问题作出判断。请您根据您的实际情况认真如实填写。衷心感谢您的合作与支持!

一、基本信息

1. 您是否遭受过企业缺陷的侵害,受到侵害的次数

□未参与过　　□1 次　　□2 次

□3 -5 次　　□6 次以上

2. 您所属年龄段

□18 岁以下　　□18 ~25 岁　　□26 ~35 岁

□36 ~45 岁　　□46 ~55 岁　　□56 ~65 岁

□66 ~75 岁　　□76 岁以上

3. 您所在区域

□东北　　□华北　　□华东

□华南　　□西北　　□西南

二、现实需求与要素

1. 您认为企业缺陷管理应该重点关注以下哪些工作(限选四项)

□减少经济损失　　□减少设备损失

□减少员工伤亡　　□保持企业公众形象

□尽早恢复正常生产　　□减小对企业凝聚力的影响

□尽早发现事故　　□尽快控制缺陷态势

□其他__________

2. 您认为企业缺陷管理受以下哪些因素的影响(限选五项)

□法律法规　　□应急平台建设　　□财政补贴

□缺陷监管和反应预案　　□缺陷监管机构　　□缺陷管理教育

□领导缺陷管理意识　　□缺陷管理预案　　□缺陷监测

□缺陷信息管理　□缺陷管理部门　□缺陷管理演练

□缺陷管理人员　□应急救援队伍　□缺陷管理物资储备

□缺陷管理设备储备　□缺陷责任认定　□缺陷管理总结

□缺陷赔偿制度　□缺陷管理绩效考核

□缺陷管理认证机构　□自发筹集资金　□第三方缺陷管理机构

□媒体传播　□其他

本问卷至此结束，再次感谢您的积极配合与热心支持！

附录 B　专家调查表

尊敬的先生/女士:

您好！本次调查旨在了解贵企业对质量、环境、职业健康安全和企业社会责任等缺陷的管理状态,对可能存在的问题作出判断。请您根据企业的实际情况认真如实填写。衷心感谢您的合作与支持!

注:请您判断下表中企业缺陷基因要素两两之间的影响程度。

在对应的表格里用◎——强相关,○——中等相关,△——弱相关,空白——不相关。

表 B1　企业缺陷基因互相关调查表

企业缺陷基因	企业缺陷基因								
	残留物浓度过高	养殖水源不合格	检验检疫信息发布不及时	产品净化加工不良	产品外观不佳	饲料和药物使用情况不明	养殖生长期不符	养殖污水造成环境污染	服务不周
残留物浓度过高									
养殖水源不合格									
检验检疫信息发布不及时									
产品净化加工不良									
产品外观不佳									
饲料和药物使用情况不明									
养殖生长期不符									

表 B1（续）

企业缺陷基因	企业缺陷基因								
	残留物浓度过高	养殖水源不合格	检验检疫信息发布不及时	产品净化加工不良	产品外观不佳	饲料和药物使用情况不明	养殖生长期不符	养殖污水造成环境污染	服务不周
养殖污水造成环境污染									
服务不周									

表 B2　企业缺陷基因与利益相关方需求相互关系调查表

利益相关方需求	企业缺陷基因								
	残留物浓度过高	养殖水源不合格	检验检疫信息发布不及时	产品净化加工不良	产品外观不佳	饲料和药物使用情况不明	养殖生长期不符	养殖污水造成环境污染	服务不周
信息沟通顺畅化									
社会影响最小化									
缺陷控制有效化									
直接损失最小化									
企业影响最小化									
应急反应有效化									
缺陷处理透明化									
环境影响最小化									
缺陷赔偿合理化									

本问卷至此结束，再次感谢您的积极配合与热心支持！

附录C　企业缺陷预防体系有效性调查问卷

尊敬的先生/女士：

您好！本次调查旨在了解贵企业对质量、环境、职业健康安全和企业社会责任的管理情况，对可能存在的问题作出判断。请您根据企业的实际情况认真如实填写。衷心感谢您的合作与支持！

一、基本情况

1. 您的工作岗位

作业岗□　　管理岗□　　监督岗□　　综合岗□　　其他□

2. 你认为本企业缺陷管理的水平

很差□　　较差□　　一般□　　较高□　　很高□

二、调查内容

序号	影响因素	有效性等级（打分区）				
		初始级	可定义级	规范级	可管理级	卓越级
1	领导层承诺	很不重视	较不重视	基本重视	比较重视	很重视
2	计划保证	很不规范	较不规范	基本规范	比较规范	很规范
3	缺陷源评估	很不全面	较不全面	基本全面	比较全面	很全面
4	人力资源	很差	较差	一般	较好	很好
5	顾客承诺	很不规范	较不规范	基本规范	比较规范	很规范
6	项目管理	很差	较差	一般	较好	很好

（续）

序号	影响因素	有效性等级（打分区）				
		初始级	可定义级	规范级	可管理级	卓越级
7	员工的能力与培训	40%以下	41%～60%	61%～95%	81%～95%	95%以上
8	沟通与推广	很差	较差	一般	较好	很好
9	缺陷控制	很不全面	较不全面	基本全面	比较全面	很全面
10	资产管理	很差	较差	一般	较好	很好
11	供应商管理	很不规范	较不规范	基本规范	比较规范	很规范
12	应急响应	很不规范	较不规范	基本规范	比较规范	很规范
13	企业缺陷经验学习	很差	较差	一般	较好	很好
14	缺陷监控	很不全面	较不全面	基本全面	比较全面	很全面
15	绩效评价	很不规范	较不规范	基本规范	比较规范	很规范
16	管理说审	很不规范	较不规范	基本规范	比较规范	很规范

本问卷至此结束，再次感谢您的积极配合与热心支持！

参 考 文 献

[1] Joseph A. DeFeo, J. M. Juran. Juran's Quality Handbook: The Complete Guide to Performance Excellence[M]. New York: McGraw – Hill Professional, 2010.

[2] Wikinson, G., Dale, B. G. Integrated management systems: an examination of the concept and theory[J]. The TQM Magazine, 1999, 11: 95 – 104.

[3] Matias J. C. O., Coelho D. A. Integrated total quality management: Beyond zero defects theory and towards innovation[J]. Total Quality Management & Business Excellence, 2011, 22(8): 891 – 910.

[4] Hines F. Integrated Management Systems – inclusivity of approach or dilution of problems[C]. Poster presentation at 10th International Conference of the Greening of Industry Network, Sweden. 2002.

[5] Tranmer, J. Overcoming the problems to integrated management systems[C]. Quality World, 1996: 714 – 718.

[6] 王晓楠. 企业实施管理体系整合的绩效研究[D]. 上海: 上海交通大学, 2008.

[7] Schiefer G. From enterprise activity "Quality Management" to sector initiative "Quality Assurance": Development, situation and perspectives[J]. Quality Assurance, Risk Management and Environmental Control in Agriculture and the Food Supply Networks, Bonn, 2003: 3 – 20.

[8] Jansson A, Nilsson F, Rapp B. Environmentally driven mode of business development: a management control perspective[J]. Scandinavian Journal of Management, 2000, 16(3): 305 – 333.

[9] S. X. Zeng, P. Tian, Jonathan J. Shi. Implementing integration of ISO 9001 and ISO 14001 for construction[J]. Managerial Auditing Journal, 2005(20): 394 – 407.

[10] Merce Bernardo, Martí Casadesús, Stanislav Karapetrovic, Iñaki Heras. How integrated are environmental, quality and other standardized management

systems? An empirical study [J]. Journal Of Cleaner Production,2009(17): 742 750.

[11] 夏国英,潘成彪. 仿生管理学研究的对象与规范[J]. 齐齐哈尔大学学报:哲学社会科学版,2006(01):64 -66.

[12] Morgan G. Images of organizations[M]. Thousand Oaks: Sage Publications,1996.

[13] 郭纹廷. 企业组织理论的生物学维度研究综述[J]. 太原理工大学学报(社会科学版),2010(04):1 -5.

[14] Moore J F. The death of competition: leadership and strategy in the age of business ecosystems [M]. New York: Harper Business,1996.

[15] Baskin K. Corporate DNA: organizational learning, corporate co - evolution [J]. Emergence,2000,2(1): 34 -49.

[16] Phelps E. S, Winter S. G. Optimal price policy under atomistic competition [J]. Microeconomic Foundations of Employment and Inflation Theory, 1970, 17(3): 309 - 337.

[17] Winter S. G. Understanding dynamic capabilities[J]. Strategic Management Journal, 2003,24(10): 991 -995.

[18] Winter S. G. Satisficing, selection, and the innovating remnant[J]. The Quarterly Journal of Economics,1971,85(2): 237 -261.

[19] Winter S. G, Szulanski G. Replication as strategy[J]. Organization Science, 2001,12(6): 730 -743.

[20] Winter S G. On Coase, competence, and the corporation[J]. Journal of Law, Economics,& Organization,1988,4(1): 163 -180.

[21] Nelson R. R, Winter S. G. Toward an evolutionary theory of economic capabilities [J]. The American Economic Review,1973,63(2): 440 -449.

[22] Winter S. G. Organizing for continuous improvement: evolutionary theory meets the quality revolution[J]. Evolutionary Dynamics of Organizations,1994: 90 -108.

[23] Kelly D. , Amburgey T. L. Organizational Inertia and Momentum: A Dynamic Model of Strategic Change[J]. Academy of Management Journal, 1991, 34 (3): 591 -612.

[24] Greiner L E. Evolution and revolution as organizations grow[J]. Harvard Business Review,1972,50(4): 37 -46.

[25] Baskin K. DNA for corporations: Organizations learn to adapt or die[J]. Futurist,1995(29):68 -68.

[26] Harrison G. L,McKinnon J. L,Panchapakesan S. ,et al. The influence of culture on organizational design and planning and control in Australia and the United States compared with Singapore and Hong Kong [J]. Journal of International Financial Management & Accounting,1994,5(3): 242 -261.

[27] Gary Neilson, Bruce A. P, Decio Mendes. The Four Bases of Organizational DNA[J]. Strategy Business,2003(33): 1 -10.

[28] Ford K. Competencies in the real world: Performance management for the relationally healthy organization[J]. Compensation & Benefits Review,2001, 33(4): 25 -33.

[29] Lyden J A,Klingele W E. Supervising organizational health[J]. Supervision, 2000,61(12): 3 -7.

[30] 程先东,文理. 医学视角下的企业诊断研究述评[J]. 价值工程,2010(08): 58 -59.

[31] Mario Ivan Tarride, R. Ariel Zamorano, S. Nicolas Varela, M. Julia Gonzalez. Healthy organizations:toward a diagnostic method [J]. Kybernetes,2008,37 (8): 1120 -1150.

[32] C Karthikeyan,R Krishnan,S Princy. Bionics and structural biology: A novel approach for bio - energy production [J]. Journal of Bionic Engineering, 2008,(5): 25 -32.

[33] 苏秦,郭涛. 企业质量环境综合体系的建立及其演化[J]. 中国软科学, 2001(8):70 -74.

[34] 徐德蜀,金磊. 关于质量(Q)、环境(E)和职业安全健康(OSH)的管理体系整合及其一体化探讨[C]. 北京:中国职业安全健康协会,2002.

[35] 姜耀俭,范慎荣. 关于石油管道企业 HSE 管理体系、环境管理体系和职业安全健康管理体系的整合探讨和建议[J]. 中国安全科学学报,2002,12 (4):1 -4.

[36] 欧晓华. 基于多个标准体系的企业贯标整合管理研究[D]. 西安:西北工业大学,2005.

[37] 钟金硅. 一体化管理体系方案及其整合方法的研究[D]. 天津:天津大学,2006.

[38] 李江蛟. 企业质量管理体系拓展和深化的研究[D]. 南京:南京理工大学,2007.

[39] 罗宏森. 质量、环境、职业健康安全管理体系整合方法研究及实证分析[D]. 昆明:昆明理工大学,2007.

[40] 李毅,赵祖明. 企业标准体系文件是整合企业其他各类管理体系文件的平台[J]. 标准科学,2010(6):61-65.

[41] 陈坚. 建筑企业一体化管理体系管理流程改进研究[J]. 吉林工程技术师范学院学报,2010,26(2):26-28.

[42] 王瑞华. 油田采油生产经营一体化管理模式研究[D]. 大庆:东北石油大学,2010.

[43] 贝金兰,王春雨. 基于ISO9001:2008标准构建QEO一体化管理体系[J]. 企业活力,2010(7):65-69.

[44] 杨琦峰,聂规划,刘平峰. 企业多维标准化管理体系集成研究[J]. 情报杂志,2007(01):102-104.

[45] 闫安. 企业生命体的行为与理性研究[D]. 南京:东南大学,2006.

[46] 许芳. 和谐社会理念下的企业生态机理及生态战略研究[D]. 长沙:中南大学,2006.

[47] 李舸. 产业集群的生态演化规律及其运行机制研究[D]. 长春:吉林大学,2008.

[48] 郝陶群. 基于仿生学视角的区域创新系统构建理论及应用研究[D]. 长春:吉林大学,2008.

[49] 张红岩. 企业生命形态的病理研究[J]. 马钢职工大学学报,2003,12(4):70-72.

[50] 楼园,韩福荣. 从自组织方法论角度看企业仿生研究[J]. 北京工业大学学报:社会科学版,2004,4(2):30-33.

[51] 肖丕楚,张建儒. 产业扩散、企业分蘖与空间再造[J]. 当代经济科学,2004,26(2):27-30.

[52] 陈枫,刘群京. 关于企业生命力和竞争力的思考[C]. 北京:中国发展战略学研究会战略管理咨询中心,2005.

[53] 吕萍,王以华. 基于组织免疫视角的企业适应性研究[J]. 科研管理,2008,29(1):164-171.

[54] 张玉明,刘德胜. 中小型科技企业成长机制评价[J]. 软科学,2009,23

(11):107 -113.

[55] 朱永明.企业社会责任履行能力成熟度研究[J].郑州大学学报:哲学社会科学版,2009,42(6):90 -93.

[56] 丁鸿鸣.知识型企业生命体特征及其自组织逻辑[J].合作经济与科技,2010(17):26 -28.

[57] 王兴元.仿生创新机理、原则及策略途径研究[J].科技进步与对策,2010,27(17):1 -5.

[58] 张毅峰.从仿生学的角度探讨企业如何健康发展[D].北京:清华大学,2007.

[59] 郝陶群,刘宇迪.基于信息生态系统的企业生命体模型分析[J].情报科学,2008,26(11):1720 -1723.

[60] 谭智俐.仿生性财务流程再造机理探索[J].会计师,2007,(7):16 -17.

[61] 郭吉晶.企业信息生态系统的构建与发展策略研究[D].长春:吉林大学,2009.

[62] 徐东升.在生态学视角下构建企业能力发展模型[J].北京理工大学学报:社会科学版,2009,11(6):62 -67.

[63] 郭纹廷,刘延平.基于生物学视角的组织理论研究评述[J].北京邮电大学学报:社会科学版,2010,12(6):95 -101.

[64] 张燚,张锐.基于干扰理论的企业衰败机理研究[J].科技管理研究,2005(9):250 -254.

[65] 刘晔,彭正龙.企业进化的基因结构模型及其启示[J].商业经济与管理,2006(04):22 -25.

[66] 戴建华.企业蜕变的顺反子基因系统模型及其应用研究[D].上海:复旦大学,2008.

[67] 龙贵玲.基于企业基因视角的长寿企业研究[D].西安:西北大学:2009.

[68] 涂发亮,李俊蕾.基于进化视角的企业基因研究[J].中国商贸,2009(15):23 -24.

[69] 于学彬.传统中医理论与现代企业管理[J].烟台师范学院学报:哲社版,1997(2):92 -96.

[70] 高昉.企业诊断系统方法初探[J].生产力研究,2002(4):42 -43.

[71] 孟宪忠,王汇群.企业范式、企业健康与企业系统竞争力[J].经济纵横,2003(7):35 -39.

[72] 唐任仲,王晓文. 基于中医学理论的业务过程诊断技术[J]. 浙江大学学报:工学版,2003,35(5):504 -506.
[73] 黄廖乐. 企业组织诊断研究[D]. 南宁,广西大学,2004.
[74] 王文平. 知识型企业生命体演替过程的最优控制策略研究[C]. 石家庄:中国控制与决策学术年会论文集,2004.
[75] 王克强,孙东川. 管理科学与物理学、医学的分析比较[J]. 生产力研究,2005(11):211 -213.
[76] 王国成,魏霞. 企业保健,提高你的免疫力[J]. 时代经贸,2005(8):66 -67.
[77] 王以华,吕萍,徐波等. 组织免疫研究初探[J],科学学与科学技术管理,2006(6):134 -139.
[78] 邹国良. 企业人体管理理论研究[J]. 华东经济管理,2007,21(12):79 -81.
[79] 郭振宇. 工业工程在企业咨询中的实际应用[J]. 价值工程,2007(1):93 -97.
[80] 周蓓. "企业综合症"病因诊断与防治对策[J]. 孝感学院学报,2007,27(2):26 -29.
[81] 冯俊华,赵剑. 企业基因表达与调控机制研究[J]. 商业研究,2008(35):33.
[82] 杨震宁,王以华. 基于免疫的组织健康捍卫机制建构:一个案例[J]. 南开管理评论,2008,11(5):102 -112.
[83] 张建坤. 房地产开发企业健康评价体系与实证分析[J]. 东南大学学报:哲学社会科学版,2010,12(1):36 -39.
[84] 文理,程先东,闫贻志,孙超平. 基于中医取象比类思维的企业模糊诊断研究[J]. 管理学报,2010,7(10):1442 -1447.
[85] 张殿军,李汉铃. 企业衰变的诊断与防控[J]. 企业管理,2010(7):81 -83.
[86] 郭纹廷,刘延平. 企业组织工程理论的组织损伤与修复模型研究[J]. 华南理工大学学报:社会科学版,2010,12(4):17 -22.
[87] 文理. 从中医学的视角来看"管理学在中国"的和谐发展[J]. 管理学报,2011,8(2):179 -185.
[88] 任远. 医学思维与管理之道[J]. 国家电网,2012(07):68 -69.
[89] 史丽萍,唐书林. 基于玻尔原子模型的知识创新新解[J]. 科学学研究,2011(12):1797 -1806.

[90] 郭纹廷,王文峰. 企业组织损伤与修复的组织工程学研究[J]. 云南社会科学,2010(02):91 -95.

[91] 许晖,纪春礼,李季,周斌,金鑫. 基于组织免疫视角的科技型中小企业风险应对机理研究[J]. 管理世界,2011(02):142 -154.

[92] 杨彬. 企业传染性缺陷阻断管理[D]. 哈尔滨:哈尔滨工程大学,2011.

[93] 宋伟. 我国工业企业安全生产事故后重建管理研究[D]. 哈尔滨:哈尔滨工程大学,2008.

[94] 石思琴. 浅谈企业事故隐患的排查与治理[J]. 泸天化科技,2011,(03):232 -234.

[95] Bowen, H. R. Social Responsibilities of the Businessman[M]. New York: Harper & Row,1953.

[96] Carroll, Archie B. A Three - Dimensional Conceptual Model of Corporate Performance[J]. Academy of Management Review,1979,4(4): 497 -505.

[97] Sethi,S. Prakash. Dirnensions of Corporate Social Responsibility[J]. California Management Review,1975(17) 58 -64.

[98] 杨春方. 我国企业社会责任驱动机制研究[D]. 武汉:华中科技大学,2009.

[99] 杨晓东. 全过程安全管理透视[J]. 电力技术经济,2002(04):51 -52.

[100] 鄢林昙,赵飞伟. 建筑工程全过程安全管理[J]. 价值工程,2010(05):37 -39.

[101] 汤淳. 当前我国职业病防治工作存在的问题和改进建议[J]. 工业卫生与职业病,2008,34(5):317 -319.

[102] 黄河. 从职业病防治到职业健康管理:日本的经验及启示[J]. 理论纵横,2012,11(1): 67 -69.

[103] 邵超峰,鞠美庭. 环境风险全过程管理机制研究[J]. 环境污染与防治,2010,33(10): 97 -100.

[104] 王能民,汪应洛,杨彤. 从末端控制到全过程管理:环境管理模式的演变[J]. 预测,2006,25(3):55 -65.

[105] Klassen R D, Whybark D. C. The impact of environmental technologies on manufacturing performance[J]. Academy of Management Journal,1999,40(6): 599 -615.

[106] ForstL. Reinhardt,Richard H. K. Vietor. 企业管理与自然环境[M]. 大连:东北财经大学出版社,2000:46 -65.

[107] Porter M E, van der Linde C. Green and competitive: ending the stalemate [J]. Harvard Business Review, 1995, 73(5): 120 - 34.

[108] 崔文子,金华. 企业竞争力与企业社会责任[J]. 大连民族学院学报, 2007,(04):66 - 68.

[109] 彭琳. 建立循环型企业社会责任的共赢模式思考[J]. 企业研究, 2012 (04):22.

[110] 徐晓俊. 基于利益相关者理论的企业社会责任维度研究—消费者认知角度[D]. 天津:天津大学, 2007.

[111] 刘瑞雪. 企业内生性缺陷管理体系研究[D]. 哈尔滨:哈尔滨工程大学, 2010.

[112] 彭雁虹,褚启勤,李怀祖. 生命系统理论及其应用综述[J]. 系统工程理论与实践. 1997(3):35 - 41.

[113] 王子平等. 企业生命论[M]. 北京:红旗出版社, 1996.

[114] 唐海滨. 企业生命论[M]. 北京:中国财政经济出版社, 1993.

[115] 唐海滨. 企业生命的秘密:兼论与社会科学[M]. 北京:中国经济出版社, 2002.

[116] 韩福荣,徐艳梅. 企业仿生学[M]. 北京:企业管理出版社, 2002.

[117] 丁任重. 企业生命体[M]. 成都:四川出版集团, 2004.

[118] 李东亮,吴绍琪. 基于生态管理理论的企业可持续发展战略研究[J]. 科技管理研究, 2008(07):458 - 460.

[119] 曾庆成. 企业的生命特征与进化研究[D]. 哈尔滨:哈尔滨工程大学, 2003.

[120] 雷海明. 企业生命工程基础理论的研究[D]. 大连:大连大学, 2008.

[121] 柴轶. 供应链突发事件能力快速恢复研究[D]. 上海:上海交通大学, 2011.

[122] 赵亚龙. 医患关系管理系统(HCRM)的开发[J]. 现代医院, 2012(07): 135 - 136.

[123] 董婧涓. 预防医学论域下社会体育专业人体科学课程设置优化研究[D]. 厦门:集美大学, 2011.

[124] 陈强,陈玲芸,李民兰. 也谈治未病[J]. 中国社区医师:医学专业, 2011 (31):14.

[125] 贾晶晶. 企业生命力分析与评价研究[D]. 青岛:中国海洋大学, 2010.

[126] 杨姗姗. 企业人力资源生态系统健康评价模型研究[D]. 长沙:中南大学,2009.

[127] 刘建军,王文杰,李春来. 生态系统健康研究进展[J]. 环境科学研究,2002(01):41-44.

[128] 刘明华,董贵华. RS 和 GIS 支持下的秦皇岛地区生态系统健康评价[J]. 地理研究,2006(05):930-938.

[129] 胡斌,章仁俊,邵汝军. 企业生态系统健康的基本内涵及评价指标体系研究[J]. 科技管理研究,2006(1):59-61.

[130] 张文红. 商业生态系统健康评价方法研究[J]. 管理现代化,2007(5):40-42.

[131] Michal E. Porter. Cluster and the New Economics of Cometition[J]. Harvard Business Review,1998,77-90.

[132] Iansiti, M., Levien, R. Keystones and Dominators - Framing the operational dynamics of business ecosystem[J]. Working Paper,2002.

[133] 王唤明. 构建健康的企业生态系统[N]. 中国企业报,2004-10-12.

[134] 胡斌. 基于灰色模糊理论的企业生态系统健康状况评价[J]. 工业技术经济,2008,27(5):58-61.

[135] Costanza R., Norton B. G., Haskell B. D. et. al. Eeosystem health: new goals for environmental management[M]. Washington, D. C.: Island Press,1992.

[136] 葛星,王惠芬. 企业管理模式的成熟度分析模型[J]. 暨南学报(人文科学与社会科学版),2004,(05):31-38.

[137] 张铁男. 基于进化理论的适应性企业战略研究[D]. 哈尔滨:哈尔滨工程大学,2005.

[138] Jorgensen S. E., Nielson S. N., Meier H. Emergy, environ, exergy and ecological modeling[J]. Ecological Modelling,1995(77): 99-109.

[139]《国营大中型企业活力课价模型》课题组. 企业活力与企业的良性循环[J]. 管理世界,1992(04):153-160.

[140] 胡杨,胡培,侯立文. 企业素质及其活力的评价指标体系研究[J]. 软科学,1997,11(4):10-15.

[141] 魏彩玲. 临床医学专业预防医学实验教学改革的几点思考[J]. 科教文汇(下旬刊),2010(06):137-138.

[142] 孙水裕,王孝武. 环境信息系统[M]. 北京:化学工业出版社,2004.

[143] 张长元. 安全是一种产品[J]. 安全,2002(03):23.
[144] Schwartz, S. Are there universal aspects in the structure and content of human value[J]. Journal of Social Issues, 1994(50): 19 - 45.
[145] Higgins, E. Beyond pleasure and pain[J]. American Psychologist, 1997(52): 1280 - 1300.
[146] 王建成. 基于信息学的会计信息相关性与可靠性的分析[J]. 求索,2006(08):32 - 33.
[147] 申卯兴,赵乃斌. 系统工程中的全信息原则与信息开发[J]. 西北轻工业学院学报,1999(01):63 - 65.
[148] 王光军. 石油企业 QHSE 管理体系研究[D]. 武汉:武汉理工大学,2006.
[149] 周运. 质量、健康、安全、环保(QHSE)信息系统架构设计研究[D]. 成都:西南石油学院,2005.
[150] Albino, V., Garavelli, A. C. A neural network application to subcontractor rating construction forms[J]. International Journal of Project Management, 1998, 16(1):9 - 14
[151] 邓淑芬. 基于博弈方法的食品安全问题研究[D]. 南京:东南大学,2006.
[152] 邓淑芬,吴广谋,赵林度等. 食品供应链安全问题的信号博弈模型[J]. 物流技术,2005(10):135 - 137.
[153] 焦志伦. 我国城市食品封闭供应链运行模式及其政策研究[D]. 天津:南开大学,2009.
[154] 刘万兆,王春平. 政府嵌入绿色农产品供应链机理研究[J]. 农业经济,2012(04): 119 - 121.
[155] 徐兆荣. 企业“认证”离我们有多远? [J]. 中国牧业通讯,2003(06):30 - 31.
[156] 汪宇晨. 加强产品质量认证提高产品质量[J]. 商场现代化,2010(35):32.
[157] 吕世侠. 做好质量认证工作[J]. 经营与管理,1994(06):22 - 23.
[158] 匡跃平. 技术性贸易壁垒与合格评定程序[J]. 石油化工技术经济,2003(02):20 - 26.
[159] 师文添,江红星,金文刚,等. 我国食品企业实施 HACCP 过程中存在的问题及建议[J]. 中国食物与营养,2007(09):29 - 31.
[160] 彭栋. 认证 验证 官方验证是食品安全管理体系的核心[J]. 农产品加工,

2005(08):16－17.

[161] 薛娇.基于溯源性的企业缺陷诊断量表研究[D].哈尔滨:哈尔滨工程大学,2011.

[162] 史丽萍,唐书林,苑婧婷.组织记忆对在位企业破坏性创新的影响机制研究[J].科技进步与对策,2013(05):85－89.

[163] 李江蛟,韩玉启.顾客价值与质量管理体系关系的研究[J].中国标准化,2006(09):29－31.

[164] 程先东.基于中医取象比类思维的企业模糊诊断研究[D].合肥:合肥工业大学,2010.

[165] 史丽萍,唐书林,刘强等.基于随机游走模型的质量信息传递的焓变机制研究[J].情报学报,2012,31(11):1223－1232.

[166] Morgan N A,Anderson E W,Mittai V. Understandin g firms′ customer satisfaction information usage[J]. Journal of Marketing,2005(7): 131－151.

[167] 熊曙初,陈禹,罗毅辉.企业公开信息对顾客预期－感知－满意的影响研究[J].软科学,2008(09):77－82.

[168] OmarN A,Musa R,Nazri M A. Programp erceived vaiue and program satisfaction infiuences on store loyaity: insight from retail loyalty program [J]. International Journal of Business,2007(9): 355－378.

[169] 崔丽,李跃生.产品感知质量与顾客认可价格关系模型研究[J].质量与可靠性,2006(5):28－30.

[170] 韩青,袁学国.顾客生鲜食品的质量信息认知和安全消费行为分析[J].农业技术经济,2008(5):74－80.

[171] Ligarski M J. Problem identification method in certified quality management systems[J]. Quality & Quantity,2012,46(1): 315－321.

[172] Akeriof G A. The market for "Lemons": quality uncertainty and the market mechanism[J]. The Quarterly Journal of Economics,1970,84(3): 488－500.

[173] 程新章.全球价值链治理中的质量管理[J].中国工业经济,2006(5):73－78.

[174] Tzeng J. Perceived vaiues and prospective users' acceptance of prospective technology: The case of acareer eportfolio system [J]. Computers & Education,2011,56(1): 157－165.

[175] 谢飞,韩立岩.对冲基金与国际资产价格的波动性传递[J].管理科学学

报,2010,13(11):94 - 103.
[176] 姚仁太,张茂栓. 复杂地形机械湍流扩散的粒子随机行走模拟[J]. 环境科学研究,1999,12(6):13 - 16.
[177] 李莉,杨文胜,谢阳群. 电子商务市场质量信息不对称问题研究[J]. 管理评论,2004,16(3):25 - 30.
[178] 李正. 企业社会责任与企业价值的相关性研究——来自沪市上市公司的经验证据[J]. 中国工业经济,2006(6):78 - 83.
[179] 傅烨,郑绍慷. 企业的质量、价格决策与政府干预[J]. 系统工程理论方法应用,1999,8(4):43 - 49.
[180] 张秋霞. 企业危机生命周期管理理论初探[J]. 山东电大学报,2005(02):29 - 31.
[181] 文志君,卢芳珏. 从学习型组织理论角度探讨内部控制[J]. 企业家天地,2008(07): 120 - 121.
[182] 王冬生. 质量机能展开(QFD)——一种先进的质量应用技术[J]. 玻璃钢,2006(03): 34 - 40.
[183] 马兴建. QFD 理论下高校教学质量设计与评估[J]. 价值工程,2012(10):245 - 246.
[184] 董贵滨,于渤,刘婷. 政府与企业控制模式的演进研究[J]. 管理科学,2005,18(6): 93 - 97.
[185] 郑云虹. 延伸生产者责任(EPR)制度下的企业行为研究[D]. 沈阳:东北大学,2008
[186] 江峰. 现场管理中的"持续改善"[J]. 企业改革与管理,2010(06):60 - 61.
[187] 谢朗. 企业持续改进项目实施分析研究[D]. 哈尔滨:哈尔滨工业大学,2007.
[188] 韩志新,基于成熟度的绿色供应链管理绩效评价[J]. 统计与决策,2010(10):173 - 174.
[189] 林晖,玛丽红. 石油化工企业建立 QHSE 一体化管理体系探讨[J]. 安全、健康和环境,2009,9(3):14 - 16.
[190] 钟劲硅. 一体化管理体系方案及其整合方法的研究[D]. 上海:东华大学,2006.
[191] 徐小龙,何军. 管理体系一体化整合问题探析[J]. 世界标准化与质量管

理,2007(02):40－41.

[192] 李红琴. 吉林化纤股份有限公司质量、环境、安全三管理体系整合研究[D]. 长春:吉林大学,2006.

[193] 吴煜. 企业 QHSE 管理绩效成熟度评价及其应用研究[D]. 天津:天津大学,2010.

[194] 史丽萍,唐书林,刘强,等. 师徒模式对降低知识黏性的机制研究[J]. 情报理论与实践,2012,36(1):53－58.

[195] 吴煜,张保银,汪波. 基于 QHSE 的企业技术创新模式研究[J]. 科学管理研究,2011(01):27－31.

[196] 王海强,王要武. 基于成熟度模型的建筑供应链绩效评价[J]. 沈阳建筑大学学报:自然科学版,2009,25(9):404－407.

[197] 朱顺泉. 基于突变级数法的上市企业绩效综合评价研究[J]. 系统工程理论与实践,2002(2):90－94.

[198] 魏婷,朱晓东,李杨帆. 基于突变级数法的厦门城市生态系统健康评价[J]. 生态学报,2008,28(12):6312－6320.

[199] 孟凡生,李美莹. 我国能源消费影响因素评价研究——基于突变级数法和改进熵值法的分析[J]. 系统工程,2012(08):10－15.